*Cadernos
de Direitos
da Criança e do Adolescente*
4

Cadernos de Direitos da Criança e do Adolescente – 4

Publicação oficial da
ABMP – Associação Brasileira de Magistrados, Promotores de Justiça e Defensores Públicos da Infância e da Juventude

Presidente – Laila Said Abdel Qader Shukair (SP)
1º Vice-Presidente – Eduardo Rezende Melo (SP)
2º Vice-Presidente – Márcio Rogério de Oliveira (MG)
1º Secretário – Carlos José Limongi Sterse (GO)
Tesoureiro – José Antônio Daltoé Cezar (RS)

Conselho Técnico-Científico – Conselheiros: Olympio de Sá Sotto Maior Neto (PR); Afonso Armando Konzen (RS); Marcel Esquivel Hoppe (RS) – Suplentes: José Dantas de Paiva (RN); Públio Caio Bessa Cyrino (AM)

Conselho Fiscal – Conselheiros: Renato Rodovalho Scussel (DF); Leila Machado Costa (RJ); Betriz Regina Lima de Mello (TO)

Coordenadores Regionais – **Região Nordeste** – Francisco Cruz Rosa (PE); **Região Norte** – Leane Barros Fiúza de Mello Chermont (PA); **Região Sudeste** – Andréa Santos Souza (SP); **Região Sul** – Murillo José Digiácomo (PR); **Região Centro-Oeste** – Renato Barão Varalda (DF)

Conselho Editorial – Mário Luiz Ramidoff (PR); Richard Pae Kim (SP); Sandra Soares de Pontes (MA); Renato Barão Varalda (MPDFT); José Dantas de Paiva (RN)

Apoio

ABMP – Associação Brasileira de Magistrados,
Promotores de Justiça e
Defensores Públicos da Infância e da Juventude

*Cadernos de Direitos
da Criança e do Adolescente
4*

Cadernos de Direitos
da Criança e do Adolescente – 4

© *ABMP* – Associação Brasileira de Magistrados,
Promotores de Justiça e Defensores Públicos da Infância e da Juventude

ISBN 978-85-7420-907-4

Direitos reservados desta edição por
MALHEIROS EDITORES LTDA.
Rua Paes de Araújo, 29, conjunto 171
CEP 04531-940 – São Paulo – SP
Tel.: (11) 3078-7205 – Fax: (11) 3168-5495
URL: www.malheiroseditores.com.br
e-mail: malheiroseditores@terra.com.br

Composição
Scripta

Capa:
Criação: Vânia L. Amato
Arte: PC Editorial Ltda.

Impresso no Brasil
Printed in Brazil
07.2009

SUMÁRIO

APRESENTAÇÃO... 7

COLABORADORES... 9

BALANÇO HISTÓRICO

Avaliando 18 anos de vigência de uma lei de promoção e proteção de direitos humanos geracionais da infância e juventude, no Brasil. Tendências e desafios
– WANDERLINO NOGUEIRA NETO.. 11

DOUTRINA

Súmula 338 do Superior Tribunal de Justiça: Reflexões
– MÁRIO LUIZ RAMIDOFF... 23

Dano moral causado por programação de TV ao público infanto-juvenil. Mecanismos de tutela judicial
– ANTONIO JORGE PEREIRA JR. 36

Educação inclusiva como o verdadeiro direito fundamental
– MARIA IZABEL DO AMARAL SAMPAIO CASTRO... 47

SISTEMA DE GARANTIA DE DIREITOS

Unidades de internação para adolescentes em conflito com a lei – Uma proposta pedagógica baseada nas referências culturais
– LESLIE MARQUES DE CARVALHO e LUDMILA DE ÁVILA PACHECO....................... 57

ANÁLISE: APRIMORAMENTO INSTITUCIONAL

Cadastro de pretendentes à adoção
– LUIZ ANTONIO MIGUEL FERREIRA 67

Apresentação

Nos 18 anos em que se comemora a promulgação do Estatuto da Criança e do Adolescente, a ABMP – Associação Brasileira de Magistrados, Promotores de Justiça e Defensores Públicos da Infância e da Juventude sente-se muito honrada com a parceria estabelecida com a Malheiros Editores para o relançamento dos *Cadernos de Direitos da Criança e do Adolescente*.

Os *Cadernos* historicamente representaram um marco na criação de espaço entre magistrados, promotores de justiça e os demais atores do Sistema de Garantia de Direitos para o estudo e o aprimoramento teórico e prático para a garantia de direitos de crianças e adolescentes.

Expressando a diversidade única e singular de atores do Sistema de Justiça congregados em uma única Associação, os *Cadernos* propõem-se a contemplar a diversidade de temáticas relacionadas aos direitos das crianças e adolescentes, de acordo com os eixos de ação da própria ABMP – Associação Brasileira de Magistrados, Promotores de Justiça e Defensores Públicos da Infância e da Juventude. São nove os eixos de ação da ABMP:

1) a gestão do Sistema de Justiça e de Garantia de Direitos como um todo, focando no aprimoramento (inter-)institucional;

2) direito à vida, à saúde e ao desenvolvimento;

3) direito à educação;

4) direito ao esporte, cultura e lazer;

5) direito à convivência familiar e comunitária;

6) direito à erradicação do trabalho infantil e à profissionalização;

7) direitos relativos à sexualidade e à proteção contra abuso e exploração sexual;

8) direitos e garantias dos adolescentes em conflito com a lei e medidas socioeducativas;

9) direito à dignidade, liberdade e respeito, envolvendo toda a questão da diversidade.

O enfoque será necessariamente interdisciplinar, preocupado com a dimensão sistêmica da garantia de direitos com a articulação em rede de diversos atores do Sistema de Garantia de Direitos. É, de fato, uma tradição da ABMP esta abertura a todos aqueles comprometidos com a defesa dos direitos humanos de crianças e adolescentes, de acordo com a doutrina da proteção integral, seja em seus encontros, seja em suas publicações.

Em todas estas áreas, pretendemos fomentar não apenas o debate teórico, mas também apresentar experiências indicativas de avanços no modo de garantia de direitos. Com isto, pretendemos expressar o quanto nosso comprometimento teórico está intimamente relacionado com a prática e a busca incessante de efetividade desses direitos, para que o desenvolvimento pleno de toda e qualquer criança e adolescente neste país torne-se realidade.

Este debate teórico-prático será oportunamente enriquecido com entrevistas ou análises especiais sobre tema específico, bem como com resenhas de livros que venham a ser lançados no país ou no estrangeiro.

Os *Cadernos* pretendem retratar também a rica diversidade do país e das infâncias e adolescências brasileiras. Dialogando com os congressos nacionais, seminários regionais ou estaduais da ABMP, os *Cadernos* serão um instrumento de compartilhamento com todos os brasileiros militantes pelos direitos de crianças e adolescentes, dos distintos desafios e ações inovadoras teorizadas e debatidas no país.

Esta diversidade se expressa, ainda, na origem e área de pesquisa dos integrantes de nosso Conselho Técnico-Científico e Editorial dos *Cadernos*. Composto de magistrados e promotores de justiça, em sua maioria doutores em direito por universidades nacionais e estrangeiras, são todos nomes conhecidos e reconhecidos por sua produção teórica e prática profissional no país, garantindo qualidade a todo o material que aqui será divulgado.

Colaboradores

Antonio Jorge Pereira Jr. – Mestre e Doutor em Direito pela Faculdade de Direito da Universidade de São Paulo. Advogado e Professor Universitário. Diretor Acadêmico do Departamento de Direito do Centro de Extensão Universitária – CEU (São Paulo-SP) (*ajorge@ceu.org.br*).

Luiz Antonio Miguel Ferreira – Promotor de Justiça do Ministério Público do Estado de São Paulo. Especialista em Direitos Difusos e Coletivos pela Escola Superior do Ministério Público de São Paulo e Mestre em Educação pela Universidade Estadual Paulista.

Leslie Marques de Carvalho – Promotora de Justiça no Distrito Federal.

Ludmila de Ávila Pacheco – Assistente social, técnica da liberdade assistida do governo do Distrito Federal.

Maria Izabel do Amaral Sampaio Castro – Promotora de Justiça de São Caetano do Sul-SP.

Mário Luiz Ramidoff – Promotor de Justiça da 1ª Promotoria de Justiça da Infância e da Juventude de Curitiba-PR. Mestre em Direito pela Universidade Federal de Santa Catarina e Doutor em Direito pela Universidade Federal do Paraná. Professor do UniCuritiba. Membro da Associação Brasileira de Magistrados e Promotores de Justiça e Defensores Públicos da Infância e da Juventude – ABMP. Membro da Diretoria da Associação dos Magistrados e Promotores de Justiça da Infância, Juventude e Família do Estado do Paraná – AMPIJ (*ramidoff@pr.gov.br*)

Wanderlino Nogueira Neto – Procurador de Justiça aposentado do Estado da Bahia e Coordenador do Grupo de Monitoramento da Convenção sobre os Direitos da Criança da Associação Nacional dos Centros de Defesa da Criança – ANCED/Seção Brasil do *Defense for Children International*. É igualmente Supervisor-Geral do Projeto Justiça Juvenil no Marco da Proteção Integral, da Associação Brasileira de Magistrados, Promotores de Justiça e Defensores Públicos da Infância e da Juventude – ABMP. Foi Procurador-Geral de Justiça na Bahia, Secretário Nacional do Fórum DCA e Consultor Especial para o UNICEF no Brasil, Paraguai, Angola e Cabo Verde.

BALANÇO HISTÓRICO

Avaliando 18 anos de Vigência de uma Lei de Promoção e Proteção de Direitos Humanos Geracionais da Infância e Juventude, no Brasil. Tendências e Desafios

WANDERLINO NOGUEIRA NETO

I – Dimensões e indicadores. II – Paradigmas. III – Instrumentos normativos. IV – Espaços públicos institucionais. V – Mecanismos estratégicos. VI – Conclusão.

I – Dimensões e indicadores

Em nosso país, o Estatuto da Criança e do Adolescente é visto por uns como um perigo para a ordem pública, para certa visão adultocêntrica do mundo, para o poder de determinadas corporações – uma ameaça para a manutenção dos paradigmas menoristas. Ou, visto por outros, como a salvação da Pátria, a libertação absoluta da infância e juventude, uma utopia a-histórica, messiânica e parúsica – intocável e sagrada lei. Equivocados ambos, nos seus extremos. Na verdade, o Estatuto citado deveria ser visto mais como um "meio" e não como um "fim em si mesmo"; isto é, como um dentre os vários instrumentos normativos nacionais e internacionais de promoção e proteção dos direitos humanos de crianças e adolescentes. Deveria ser visto como elemento de um *sistema de garantia dos direitos fundamentais (enquanto direitos humanos positivados) de um seguimento da população*, ao lado de outros instrumentos normativos tão importantes, quanto ele; sendo que desses, alguns de hierarquia jurídica superior à dele (Constituição Federal, Convenção sobre os Direitos da Criança, p.ex.).

Em verdade, nosso foco verdadeiro deveria ser o próprio movimento histórico de luta pelo reconhecimento e garantia dos direitos humanos da infância e adolescência, que resultou na elaboração dessa lei (ECA) e sua promulgação pelo aparelho estatal. E, nesse caso, à base dessa força social, produtora do Direito novo, precisamos devolver o seu protagonismo e seu papel catalisador e renovador – como dizia Césare La Rocca em seu depoimento no último Congresso da ABMP em Florianópolis (2008), como um dos nossos proto-combatentes. A positivação desse Direito novo, por meio da Lei federal 8.069/1990, é resultado e conseqüência de uma luta muito mais ampla, deflagrada, no mundo e no Brasil, em quatro dimensões, minimamente:

(a) *dimensão teórico-doutrinária*, que diz respeito à luta pela precedente e axial prevalência dos paradigmas teórico-doutrinários dos direitos humanos, em todos os seus marcos conceituais – éticos, históricos, políticos, econômicos e jurídicos;

(b) *dimensão normativa*, que diz respeito à luta pela adesão e alinhamento a esses paradigmas de todo o ordenamento jurídico pátrio, (*i*) a partir da adequação inicial da nossa Constituição Federal a esse ideário utópico e emancipador dos direitos humanos – tendo-os como prevalentes; (*ii*) a partir igualmente da ratificação da Convenção sobre os Direitos da Criança; e, conseqüentemente, (*iii*) a partir da adequação da nossa ordem infraconstitucional à Constituição e à Convenção citadas, com a emblemática promulgação do multicitado Estatuto da Criança e do Adolescente;

(c) *dimensão político-institucional*, que diz respeito à luta pela criação e implementação das instâncias públicas estatais ("governamentais e não-governamentais"), que deveriam aplicar o Estatuto e outros instrumentos normativos, na prática (conselhos, Justiça da Infância e Juventude, órgãos dos sistemas de políticas públicas – *verbi gratia*, SUS, SUAS); e

(d) *dimensão sócio-político-estratégica*, que diz respeito à luta pela operacionalização dos mecanismos de exigibilidade de direitos, que devem ser difundidos e usados, no país, de maneira sistemática e contínua, ou seja, o desenvolvimento de ações de mobilização social e *advocacy*, de intervenções judiciais, de processos permanentes e contínuos de desenvolvimento de capacidades, de sistemas de monitoramento e avaliação, de ações positivas de empoderamento dos beneficiários, de parcerizações, articulações e integrações operacionais etc.

II – Paradigmas

Se avaliarmos o quadro atual brasileiro, pela ótica da *dimensão teórico-doutrinária dos direitos humanos*, a primeira vista, é de se lamentar, que no meio acadêmico (faculdades de direito e escolas de formação profissional) ainda encontrem guarida, tanto os paradigmas protetivo-tutelares de caráter higienista, quanto um estéril positivismo jurídico – mal formando os operadores do direito, ao garantir uma indesejada sobrevida à doutrina da situação irregular, de cunho menorista. A Academia, nesse aspecto, de modo geral produz água turva na sua fonte. Mas, reconheça-se: é cultural a nossa dificuldade em fazer imergir nosso pensar e agir no paradigma da doutrina da proteção integral (parte do marco conceitual dos direitos humanos) e isso, em nós todos, está muito arraigado.

Somos uma Nação construída sob mitos fundantes de dominação, opressão, exploração, violência – próprios do colonialismo-bandeirantista, do elitismo eurocêntrico, do corporativismo privilegiador, do formalismo cartorial. É preciso muito mais tempo que 60 ou 20 ou 18 anos, para afastá-los do imaginário de nossa população e principalmente de nossas elites dirigentes. Se quisermos construir cenários mais favoráveis no futuro para garantir a prevalência dos direitos humanos, aqui está um ponto a ser enfrentado. Um ponto a exigir ações, daqui para frente, na linha da "direção cultural" (cf. Antonio Gramsci, *Memórias do Cárcere*), num processo de combate à alienação das classes dominadas e dos grupos marginalizados e de conscientização e emancipação da crianças/adolescentes, de suas famílias e comunidades próximas.

Verdadeiros processos de "educação política", para magistrados, gestores, técnicos, agentes públicos (governamentais e societários) precisam urgentemente ser desenvolvidos, nessa linha, combatendo as ideologias castradoras e conservadoras, em favor de uma utopia histórica e verossímil, tendo a dignidade, a liberdade, a igualdade e a pluralidade como bandeiras mobilizadoras e concientizadoras.[1]

---

1. Como, por exemplo, os seminários estaduais, desenvolvidos em 2007/2008 pela ABMP (em parceria com a SPDCA-SEDH-PR) no bojo do Projeto Justiça Juvenil no Marco da Doutrina da Proteção Integral.

Assim sendo, o primeiro alerta deve ser o seguinte, no desenvolver-se tal processo de "direção cultural": não se pretenda partir de nenhuma falaciosa "neutralidade axiológica", para o enfrentamento desta questão da promoção e proteção dos direitos humanos geracionais, particularmente de crianças e adolescentes. Construa-se um saber engajado, a justificar uma prática igualmente engajada. Para tanto importante se torna partir da idéia-matriz de que, enquanto fenômeno cultural, social, político e jurídico, as relações intergeracionais (como também as relações de classe, gênero, raça) são históricas e não podem ser compreendidas senão na sua historicidade e através dessa historicidade.

Imprescindível se torna, primeiro, que se desmascarem as ideologias de classe, gênero, raça e geração (principalmente, em nosso caso) que permeiam o discurso de determinados cientistas sociais e mais especificamente de alguns operadores técnico-jurídicos. E, em segundo lugar, importa que se faça, todos, comprometidos com a construção dessa atrás mencionada utopia radical, verdadeiramente revolucionária e parteira da História. Nessa luta emancipatória em favor da infância e adolescência, tem-se que procurar alternativas novas, através de espaços públicos institucionais e mecanismos estratégicos (políticos, sociais, econômicos, culturais e jurídicos) que se tornem verdadeiro instrumental de mediação, nessa luta pelo asseguramento da essência humana e da identidade geracional, vencendo tal processo de des-humanização, de dominação, de desclassificação social de crianças e adolescentes, nesse jogo hegemônico e contra-hegemônico, que condena grandes contingentes do público infanto-adolescente a um processo mais específico e doloroso de marginalização.

Tem-se registrado a ocorrência de duas alternativas velhas e tendenciais, antagônicas, diante dessa questão dos direitos humanos da criança e do adolescente, que podem ser eleitas como critérios e indicadores numa avaliação da nossa caminhada, no Brasil, nesta última década da luta pelos direitos humanos da infância/adolescência. Dois velhos paradigmas que se conflitam, a nos levar dialeticamente a uma necessária síntese. De um lado, acentuam a necessidade da proteção, quase que anulando a autonomia desse segmento populacional, vendo-os como "vulneráveis" em si, sem responsabilidade alguma por seus atos – necessitando de verdadeira tutela da família, da sociedade e do Estado e de respostas repressivas e/ou assistencialistas.

Nessa tendência, entende-se que a institucionalização é o melhor caminho. Para esses, o lugar dessas crianças e adolescentes marginalizados, credores de direitos, "em risco social e pessoal"[2] (michês, travestis, grafiteiros, drogadictos, funkeiros, meninos-de-rua, prostituídos, trabalhadores precoces, abandonados etc.) é no que chamaríamos de "ninho-gaiola". Para eles, as "redes de relações entre pares"[3] desses marginalizados e a sua dinâmica local devem ser desconsideradas e olhadas sob suspeita. Não sabem como trabalhar com os agrupamentos informais (galeras, *gangs* etc.), ou então pretendem domesticá-los.

Numa construção de cenários mais favoráveis, como diagnosticar e neutralizar essa tendência? Mas, quando não por essa linha repressora-assistencialista, outros agentes de atores sociais, por sua vez, caem na tendência de colocar exageradamente a tônica da sua reflexão e da sua ação na autonomia absoluta da criança e do adolescente, e repudiam como "castradoras" todas as formas de proteção. Desse modo, acabam anulando todo e qualquer resquício de responsabilidade parental, de responsabilidade do Estado e da sociedade, pela sobrevivência, pelo desenvolvimento e pela proteção especial da criança e do adolescente. Em função disso, reforçam todos os aspectos negativos das redes primárias de pertença e da dinâmica local. Acaba-se lutando pelo pretenso "direito" das crianças e dos adolescentes, de

---

2. Expressão estranha ao Estatuto, que não a utiliza em nenhum momento e, na verdade, própria corretamente da política socioassistencial (LOAS e SUAS).
3. Wanderlino Nogueira Neto, in *Direitos Humanos Geracionais*, 2003.

tudo fazerem, no local, na hora e na medida em que quiserem. E se tornam verdadeiros "cúmplices", tudo acobertando, tudo aceitando, falsamente em nome da autonomia desse segmento. Para esses, por exemplo, o direito de ir-e-vir implicaria no exercício ilimitado desse direito por uma criança de sete anos, por exemplo. Os adolescentes infratores, por sua vez, seriam apenas "desviantes", "inadaptados sociais", "pessoas em risco social", também irresponsáveis sócio-juridicamente, susceptíveis apenas de "encaminhamentos do serviço social", de "psicoterapias", de "cuidados", sem qualquer medida jurídico-judicial de caráter sancionador ou premial.

Dentro desse quadro de deformações do discurso ideológico e das suas práticas decorrentes – emblematicamente, alguns juízes têm aplicado a medida-sanção socioeducativa de internação a adolescentes, não especificamente pela prática de uma determinada infração, que se confunde com o crime ou contravenção praticada por adultos, mas por sua condição de vulnerabilidade ou risco social e não de conflito real com a lei. Assim, sentenciam esses adolescentes por serem "useiros e vezeiros na prática de atos anti-sociais", por viverem "em conflito com sua família e/ou com a comunidade local", por "não se encontrarem aptos para voltarem à sociedade, apesar de já terem cumprido a medida socioeducativa imposta" e "para garantir a proteção dele e da comunidade pelo fato de ser soropositivo", "para tratamento compulsório de seu abuso de drogas" (*sic*).

Da mesma visão compartilham, pelo Brasil afora, inúmeros conselheiros tutelares, com práticas tuteladoras (no mal sentido), institucionalizadoras, vendo, por exemplo, a entidade em regime de abrigo como a única e adequada forma para cumprimento de medida especial protetiva, em situações de ameaça ou violação de direitos, por parte da família ou em razão da própria conduta da criança ou do adolescente. Constada uma situação dessas, qualquer que seja ela, determinam o encaminhamento a entidades de abrigamento indiscriminadamente e lá as esquecem... E, quando, nessa criança ou adolescente sentem o cheiro da marginalidade, da "rebeldia", procuram institucionalizações em abrigos especiais que já começam a existir absurdamente pelo país... "com total contenção". Erro grosseiro e/ou abuso de poder, mais das vezes!

A criança ou o adolescente são vistos como aqueles que têm uma tendência nata a se insurgir contra as medidas especiais protetivas. Outro exemplo, *mutatis mutandi*: as medidas socioeducativas de cumprimento em meio aberto não conseguem convencer seus aplicadores e executores de sua importância e efetividade e nelas não se investe, em nenhum sentido. Outras vezes, *mutatis mutandi*, encontramos trabalhadores sociais de serviços e programas governamentais e não-governamentais, operacionalizando no seu atendimento técnico, sua concepção ideológica "neoliberal travestida". Ou mesmo juízes, promotores, policiais e defensores que seguem a linha do *laissez faire, laissez passer* em relação aos atos infracionais, por exemplo. Ou assume-se uma sensação de incapacidade e de impossibilidade, diante de tudo isso. Isso vale, em outro exemplo, em relação à marginalização pela expressão diversa da sexualidade (prostituição, travestismos, homossexualidade, etc.): "a discussão centrada no abuso sexual não implica no questionamento dos padrões, normas e tradições da sexualidade vigentes na sociedade brasileira; discutir a sexualidade (de crianças e adolescentes abusados) é discutir a cultura e o padrão civilizatório vigente (...); nesse sentido trata-se de colocar na agenda nacional e profissional o direito de todos à sexualidade responsável e protegida" (Faleiros).[4]

---

4. Vicente Faleiros (org.), "Relatório da Oficina de Trabalho do Centro de Referência, Estudos e Ações sobre a Criança e o Adolescente de Brasília", in *Políticas Públicas e Estratégias Contra a Exploração Sexual-Comercial e o Abuso Sexual Intra-Familiar de Crianças e Adolescentes*, Brasília, Ed. Ministério da Justiça/ CECRIA, 1998.

Numa avaliação da última década, como promoveríamos a negação dessas duas tendências, aqui registradas, nos seus extremos? Com uma postura positiva em favor da realização dos direitos todos de cada criança e de cada adolescente, abandonando-se a descrença que nasce do "modelo do dano", ainda dominante em nosso país, em favor da promoção da "resiliência", enquanto potencialidade humana de se passar por experiências adversas sucessivas, sem comprometimento da capacidade de superar esses percalços, de fazer bem as coisas e resgatar a própria dignidade.

Promover essa resiliência da criança e do adolescente, em qualquer circunstância de vida, significa fazer com que consigam construir seu sentido de vida e das coisas, seu lugar no mundo, no presente e, principalmente, no futuro. Como diz Cenise Vicente: "A resiliência é um fenômeno psicológico construído e não tarefa do sujeito sozinho; as pessoas resilientes contaram com a presença de figuras significativas, estabeleceram vínculos, seja de apoio, seja de admiração; tais experiências de apego permitiram o desenvolvimento da auto-estima e autoconfiança".[5]

Esse empoderamento de crianças e adolescentes, forçosamente levará ao ponto mais importante nesse processo de extensão da cidadania deles: a promoção da sua *participação proativa* na vida social em geral e, particularmente, no planejamento e no desenvolvimento das estratégias de sua integração social, fortalecendo neles um sentido de *empowerment*, enquanto potencialização do seu "protagonismo" (Antonio Gomes da Costa).

As crianças e os adolescentes não podem ser "massa de manobra", manipulados por seus próprios marginalizadores, exploradores, violentadores. Não podem ser chamados a participar apenas reativamente, como forma de legitimação dessas distorcidas estratégias e desses serviços e programas de determinadas políticas, em seu favor.

Por fim, constate-se mais: as situações de negligência, exploração, violência, opressão e discriminação a que estão submetidos, de maneira exacerbada, crianças e adolescentes, a partir de uma situação ou de desvantagem social (em função da raça, etnia, gênero, sexo, morbidade, pobreza extrema etc.), ou de vulnerabilidade (exploração sexual, abandono, exploração no trabalho etc.), ou de conflito com a lei (infração) – tudo isso somado –, justificam "discriminações positivas" em favor deles, com ações afirmativas que neutralizem esse quadro perverso, desencadeador ou potencializador das diversas formas de violência, exploração, discriminação, negligência – de marginalização.

Como desenvolver tais ações afirmativas em favor da eqüidade, isto é, dos valores fundantes da *dignidade e da liberdade humana, da igualdade e da pluralidade*, daqui para frente? Considerando-se que nessa última década fomos excessivamente tímidos no Brasil, nesse ponto, e que ainda não conseguimos fazer a necessária mudança dos paradigmas em nosso pensar e em nosso atuar! Esse, o nosso desafio para a próxima década.

III – Instrumentos normativos

Numa *dimensão normativa da promoção e defesa/proteção dos direitos humanos*, um empenho maior deveria estar no se colocar a norma jurídica de promoção e proteção de direitos humanos, principalmente as de natureza principiológica, no seu lugar primordial merecido, acima das normas-regras: figurativamente, perdemos o sentido afetivo do por que se faz

---

5. Cenise Vicente, "Promoção da resiliência", in *Políticas Públicas e Estratégias de Atendimento Socioeducativo ao Adolescente em Conflito com a Lei*, cit.

um doce em nossas casas, para nos atermos excessivamente ao número de ovos, aos gramas de farinha de açúcar etc.

"Os positivistas de sempre buscam a redenção na regra jurídica, olvidando-se ademais que os princípios são também cogentes" (Alexandre Morais da Rosa, in *Introdução Crítica ao Ato Infracional. Princípios e Garantias Constitucionais*). Por exemplo, por que a dificuldade em se entender o "garantismo jurídico" (Luigi Ferrajoli, in *Derecho y Razón*) como princípio do direito constitucional e da teoria geral do direito, restringindo-o às normas referentes às garantias processuais penais?

A prevalência das normas-princípios há que ser defendida, na conjuntura de um país que se constrói no curto tempo de pouco mais de 500 anos de História e onde as forças populares ainda se arregimentam para assumir uma participação mais proativa. É importante para se garantir um espaço maior onde essas forças construam um novo Direito e o levem à positivação, a partir dos interesses, necessidades, desejos igual e preponderantemente daqueles que "não têm vez nem voz" – operários, trabalhadores rurais, mulheres, crianças, jovens, idosos, afro-descedentes, seguimentos LGBT, indígenas, deficientes, populações tradicionais etc.

O Direito só é indispensável pela necessidade de se encontrar uma solução impositiva para os conflitos individuais e sociais. Se assim é, essencial para a compreensão do jurídico se torna o conhecimento daquilo que leva os homens ao conflito, que se manifesta (*i*) quer pela interdependência sem limites entre os homens, (*ii*) quer pela escassez de bens apropriáveis ou produzíveis em quantidades e condições que se fazem necessárias, (*iii*) quer pela prevalência exploratória de interesses hegemônicos de classes ou grupos.[6]

Esse último ponto justifica que se tente fazer da contra-hegemonização jurídica um instrumento válido naquela citada luta emancipatória da infância e adolescência. Mas é impossível se negar a correlação do poder jurídico com o poder político e econômico, a funcionar como condicionante dessa instrumentalização do Direito, a serviço da emancipação e extensão da cidadania de crianças e adolescentes. A realidade vincula necessariamente o poder jurídico ao poder político e ao poder econômico. E essa simbiose precisa ser explicitada e aprofundada: o Direito é um "discurso do poder". Jurisdicionaliza-se a decisão política e assim se institucionaliza um sistema jurídico.

Todo o Direito é socialmente construído, historicamente formulado, atendendo ao que é contingente e conjuntural do tempo e do espaço em que o poder político atua e à correlação de forças efetivamente contrapostas na sociedade em que ele – poder político – se institucionalizou. Para se entender o Direito não basta conhecer e interpretar a norma jurídica, em si. É preciso se conhecer e entender minimamente esse jogo político e econômico e os seus discursos justificadores.[7]

O poder político-econômico que cria o Direito o faz necessariamente privilegiando um ou alguns segmentos sociais em detrimento de outros. Mas, o faz também na justa medida que o equilíbrio de forças socialmente contrapostas possibilita. O Poder pode... Mas nem tanto pode.

A institucionalização de uma ordem jurídica justa (nacional ou internacional) não é tarefa só de juristas, mas sim de políticos, mais ainda. Ou melhor, é tarefa nascida do confronto das forças sociais contrapostas, na procura da satisfação dos seus interesses e na real moldura das expectativas institucionalizadas: "o jurídico coabita inevitavelmente com o político, o econômico e o ético".[8]

---

6. J. J. Calmon de Passos, *O Direito e o Poder*.
7. Idem, ibidem.
8. J. J. Calmon de Passos.

O sistema de dominação – que, em última análise, todo ordenamento econômico, político e, portanto jurídico institui – só se faz operacional se alcançar um "mínimo de adesão dos dominados". Esta adesão é construída à base de uma fundamentação legitimadora do poder, o que se dá de modo indireto, via ideologia.[9]

O Direito e o Poder (político-ideológico, econômico e cultural) estão intimamente relacionados. Não há como fugir disso. Calmon de Passos ensina a esse respeito: "O Direito é a técnica pela qual se dá a integração entre esses três poderes (político, econômico e ideológico), de modo a se lograr segurança e operacionalidade à ordem social impositivamente implementável (...). Apenas é possível, ao Direito, emprestar alguma segurança e previsibilidade à convivência social, mediante a decisão de conflitos, por um processo previamente institucionalizado, dentro de expectativas compartilhadas pelo grupo social, com o que contribui para consolidar e operacionalizar um sistema de produção e uma organização política que o precedem e lhe ditam a fisionomia e o destino (...)".[10]

Autores como Arnold e Radbruch[11] consideram o direito como um elemento de primeira importância na conformação cultural de uma sociedade. Enquanto Heller,[12] avançando ainda mais nesse sentido, entendia que o "direito é a forma mais avançada de domínio". No que concorda Garcia Mendes: "se este último (autor) está certo em termos gerais, isto é, para as formações sociais do capitalismo central, tanto passadas como contemporâneas, o é com muito mais intensidade no contexto do capitalismo periférico; neste caso, ficou mais que demonstrada a importância e sobre-determinação da esfera política, esfera política que está composta por dois níveis claramente diferenciáveis, ainda que nem sempre diferenciados, o estritamente político (o Estado) e o estritamente jurídico (o direito)".[13]

Será que isso explicaria um fenômeno que se manifesta na dificuldade de se "tirar do papel" várias leis, dentre elas o Estatuto multicitado, a Constituição Federal e a Convenção sobre os Direitos da Criança? Por que tal legislação, reconhecida como avançada, muitas vezes dão a impressão de "ineficazes" (fenômeno jurídico) e/ou "inefetivas" (fenômeno metajurídico)? De qualquer maneira, a aplicação defeituosa ou a baixa aplicação de uma lei podem levar seus destinatários à idéia de que aquela determinada legislação é inadequada, social e eticamente, perdendo essa norma, conseqüente e paulatinamente efetividade político-institucional e eficácia jurídica.

Para efeito desta avaliação da promoção dos direitos humanos geracionais de crianças e adolescentes, sob a *dimensão normativa* – considere-se que a *efetividade político-institucional* do Estatuto, por exemplo, decorre:

(a) da sua capacidade real de provocar ou não uma cadeia de reordenamentos normativos decorrentes e satisfatórios, em nível local (estadual e municipal), com a edição de leis e normas regulamentares específicas, a partir das normas gerais do Estatuto;

(b) da sua capacidade real de deflagrar ou não um processo irreversível de reordenamento institucional, onde a máquina do Estado, em nível federal, estadual e municipal viesse a ser adequada ao novo paradigma político-jurídico, com a implantação e implementação/fortalecimento de serviços/atividades e programas/projetos públicos, responsáveis pela satisfação das necessidades básicas de crianças e adolescentes, através da promoção e defesa dos direitos correspondentes;

---

9. Entendendo-se aqui ideologia como representação da realidade que justifica o sistema de poder.
10. In *Direito, Poder, Justiça e Processo*, 1999.
11. Willhelm Arnold e Gustav Radbruch.
12. *Apud* Emilio García Mendez.
13. Emilio García Mendez, in *Autoritarismo y Control Social*, 1987.

(c) da sua capacidade real de levar ou não a uma flagrante melhoria do atendimento público direto a essas necessidades e direitos, que resulte na qualificação da demanda e do serviço público.

Igualmente para esta análise de tendências e formulação de desafios, considere-se que a *eficácia jurídica* de uma lei decorre:

(a) da sua aplicabilidade a casos em concreto;

(b) da sua imperatividade, impositividade e coercitividade;

(c) da imprescindibilidade e exigibilidade dos direitos que ela reconhece, constitui e assegura.

Todavia, as leis (e, portanto o Estatuto!) carregam em si o germe da inefetividade político-institucional e da ineficácia jurídica quando lhes falta, em primeiro lugar, legitimidade social. Isso acontece, por exemplo, quando essas normas jurídicas são outorgadas, quando a produção do Direito se faz de maneira heterônomica (o que não é o caso do Estatuto).

Igualmente, as leis carregam em si o germe da inefetividade político-institucional e da ineficácia jurídica, quando (a) se limitam a estabelecer apenas conceitos abstratos e quando (b) não prevêem instrumentos que operacionalizem sua implementação (mecanismos e espaços públicos institucionais), isto é, quando não permitem a construção de um sistema de garantia de direitos. Nesse ponto, o Estatuto deixa um tanto a desejar em alguns poucos e determinados pontos, por falta de clareza e por excessiva remissão a outras normas. E quando não isso, os textos normativos também são portadores da sua própria inefetividade político-institucional e ineficácia jurídica, quando (c) contém igualmente o gérmen da "sobrecarga", isto é, quando o Direito traz mais "mundo exterior" para dentro de si do que é capaz de suportar. Uma "sobre-politização e uma sobre-socialização da norma jurídica"[14] – um excesso.

O Direito não existe para "criar mundo exterior", mas normalizar as condutas sociais vividas nesse mundo exterior a si, a partir de uma utopia, de determinados valores. Talvez aí o pecado maior do Estatuto ou de seus aplicadores e intérpretes. Essa visão crítica da efetividade e eficácia do Direito e a opção política pelo tratamento das relações geracionais sob a ótica do Direito dos Direitos Humanos – esses dois pressupostos permitem estabelecer melhores perspectivas estratégicas, a serviço dos interesses, necessidades e desejos de crianças e adolescentes. Em função disso, necessário se torna trabalhar nas lacunas do discurso e da prática ideológica, produzidos pelo poder político e econômico dominante, hegemônico, por força do atual processo de "mundialização do mercado" e de reforço do modelo cultural adultocêntrico, machista-patriarcalista, homofóbico, racista, ocidentalista.

É preciso se ter cuidado para não se tornar a-crítico em relação a determinado tipo de discurso jurídico hegemônico e permitir que ele assuma o papel doravante de produtor de um direito positivo, que venha normatizar as relações de geração, a partir de uma ótica a serviço da violência, da exploração, dos abusos, das discriminações, das negligências. Um direito positivo reformado, nesses modos do poder hegemônico que, por exemplo, leve ao rebaixamento da idade penal, ao aumento da duração do cumprimento de medidas socioeducativas, ao recrudescimento de penas, ao terrorismo de Estado, à "volúpia punitiva".

Mas, como neutralizar esses riscos? Em primeiro lugar, aceitando-se o desafio! Não fugindo do risco! Reconhecendo-se que a "ordem de geração" (ou "sistema") está a serviço de determinados interesses sócio-econômico-políticos-culturais[15] – isso significa que esse bloco dominante, para se manter, depende da construção de uma aparente legitimidade, ape-

---

14. J. Habermas.

15. Mundialização do mercado, ajustes estruturais, enfraquecimento do poder nacional, androcentrismo etc.

lando para uma forma constante e permanente de coação, assegurando sua manutenção como hegemônica.

Os blocos dominantes, na História, sempre sustentaram sua hegemonia econômico-político também na construção de uma hegemonia cultural e de uma hegemonia jurídica.[16] Aí o risco: a reforma das normas jurídicas que regulem as "relações de geração", para futuro, pode resultar igualmente numa normatização jurídica que tenha efeitos perversos de regular-controlar, numa linha assistencialista-repressora, e não de emancipar a criança e o adolescente[17] numa linha de promoção social, de proteção jurídico-social e de extensão de sua cidadania.

Aos blocos dominantes (e suas franjas subterrâneas, marginais e criminosas) interessam, pois, a construção de sua hegemonia jurídica, reforçadora da sua hegemonia econômica, social, política e cultural. São nítidas expressões das possibilidades de sucesso da tendência à hegemonização jurídica de certos blocos dominantes, em nosso contexto brasileiro e latino-americano, por exemplo, a aguda escassez de trabalhos críticos no campo do jurídico: a discussão tem sido prevalentemente "abstrata, formal, dogmática"; numa linha mais de citação e exegese de textos legais, isto é, positivista. Isto é, uma discussão a justificar a manutenção do *status quo* existente ou a mera reforma epidérmica de leis.

Em disciplinas como a sociologia, a psicologia e em menor medida na economia, o pensamento crítico é forte ou tenta mais fortemente sê-lo. No meio jurídico, nem tanto, apesar das grandes exceções que iluminam ao nosso derredor. Só interessa a "juridicialização e judicialização das relações geracionais" (crianças/adolescente, jovens e idosos) se os movimentos e organizações sociais tiverem capacidade de fazer prevalecer sua reflexão e prática, e puderem se apropriar e se beneficiar desse processo – num contexto de correlação de forças, de construção de contra-hegemonia, na ótica do Direito dos Direitos Humanos.

Todavia, nesse diapasão, um cuidado se deve ter nos próximos tempos, na próxima década pelo menos: obter o "consenso social", a "harmonização[18] *entre os cidadãos* é aspiração de muitos governantes, para alcançar a legitimidade de suas decisões político-administrativas autoritárias e cooptadoras, na busca de uma almejada "paz social", a serviço de seus interesses oligárquicos: "(...) a harmonização pretendida é vista como neutralidade e a neutralidade apresentada como harmonização, mas numa relação de forças em que predominam os interesses do capital, a longo e não raro em curto prazo".[19] Dessa maneira os problemas sociais não conseguem ser visto de forma estrutural, mas apenas como problemas pontuais, isolados, conjunturais – disfuncionalidades sociais. E para tanto, necessitar-se-iam apenas de algumas instituições públicas como verdadeiros "aparelhos funcionais", capazes de "resolver paliativamente" os problemas sociais, do mundo infanto-adolescente.

Muitas vezes, a partir dessa visão factual e casuística, entre nós, assim são tratadas questões como a do trabalho infantil, da violência intrafamiliar, da exploração sexual-comercial, do extermínio e da tortura, do conflito com a lei etc. etc. Há um certo perigo dos órgãos do sistema de justiça e segurança e de entidades de defesa de direitos humanos se tornarem esse "aparelho funcional", na busca de falsos consensos, escamoteando os conflitos de interesses reais da vida social e tentando essa "harmonização": buscando uma "paz dos cemitérios".

---

16. "A inexistencia de hegemonía plena en el plano de lo económico e do lo político-ideológico, en la relación entre el bloco dominante e los sectores populares, puede ser atenuada en parte de sus consecuencias negativas para los primeros por la existencia de relaciones hegemónicas en el plano de lo jurídico" (Emilio García Mendez, *Autoritarismo y Control Social*, Buenos Aires, Ed. Hammurabi, 1987).

17. E, igualmente, qualquer outro segmento ou grupo vulnerabilizado ou desabilitado, ou de alguma minoria (nacionais, culturais, étnicas e lingüísticas).

18. No sentido do positivismo sociológico de Max Weber.

19. Vicente Faleiros, *A Política Social do Estado Capitalista*, 1980.

De outra parte, como bem alerta Donizeti,[20] há o perigo de se cair no oposto e se ver nas instituições públicas meramente um "aparelho ideológico do Estado", ou seja, instrumentos reprodutores de relações sociais, reprodutores do poder que se encontra monoliticamente nas mãos das classes dominantes, a seu serviço exclusivo, de direção, dominação e exploração das classes subalternas. Mas, há igualmente a possibilidade de uma terceira visão, na construção futura de um cenário mais favorável à normatização jurídica dos direitos humanos geracionais. Apesar de o Estado e suas instituições darem prevalência aos interesses dos grupos que detém o poder hegemônico numa determinada conjuntura, existem, todavia, algumas brechas nesse poder, algumas "instâncias de mediação", onde se pode fazer a luta pela incorporação de determinados interesses dos mais fracos – no caso em discussão dos interesses de crianças e adolescentes. A depender de certa correlação de forças.

Ensina Faleiros: "O Estado mediatiza as relações sociais, segundo a correlação de forças da sociedade civil. Ou seja, ele não está somente em função dos interesses das classes dominantes, podendo também integrar, aceitar, ou transformar certos interesses das classes dominadas". Nessa linha estratégica, para o futuro, poder-se-ia insistir mais na construção de "instâncias e mecanismos de mediação, com resultados restaurativos", em favor dos interesses da criança e do adolescente, priorizados como direitos humanos, a partir dos operadores sociais, inclusive dos operadores do direito.

Verdadeiramente, só será possível se construir essa capacidade real de "mediatizar" nesses moldes, se incorporada for a essa intervenção jurídica, uma sociedade civil forte, organizada/mobilizada, política e tecnicamente qualificada, realmente participativa.

IV – Espaços públicos institucionais

Também se avaliarmos esse período de tempo vivido e aqui marcado (60-20-18 anos), sob a perspectiva da apontada terceira dimensão (*político-institucional*), ter-se-ia que questionar nossos espaços públicos institucionais, sobre sua capacidade de adequação a esses novos paradigmas e a essa nova normativa. E, assim, analisaríamos, por exemplo:

(a) realmente os *conselhos dos direitos da criança e do adolescente*, no país, desenvolvem ou não seu núcleo básico de atribuições, estabelecendo diretrizes gerais para a promoção dos direitos humanos geracionais através de todas as políticas públicas e em especial da política de promoção dos direitos humanos? E, ao mesmo tempo, exercem sua função primordial de controle externo da gestão publica, instituindo um sistema permanente de acompanhamento e monitoramento das ações públicas? Ou em outro exemplo:

(b) os *conselhos tutelares* se tornaram ou não, em nosso dia-a-dia, "instituições de defesa de direitos humanos",[21] órgãos contenciosos não-jurisdicionais, funcionalmente autônomos, sem submissões ao juiz, ao promotor, ao prefeito, ao gestor, requisitando serviços públicos e representando pelo cumprimento de suas decisões? Ou: as políticas públicas, por suas ações, seus programas e serviços, se articulam e se integram verdadeiramente como "políticas para a infância e adolescência", ao moldes do que reza o Estatuto (art. 86) ou ainda estamos sendo sempre tentados a retornarmos a uma política única e centralizada para crianças e adolescentes? Reconhece seus gestores e técnicos a "incompletude institucional e profissional"[22] dos seus programas e serviços? A necessidade de se colocar seus sistemas únicos operacionais, no bojo de uma ambiência sistêmica (holística) de garantia de direitos humanos?

20. Wilson Donizeti.
21. Princípios de Paris – Resolução da Assembléia Geral da ONU.
22. Antonio Carlos Gomes da Costa.

V – Mecanismos estratégicos

Finalmente, como estabelece a Resolução n. 113 do CONANDA,[23] poder-se-ia avaliar nossa caminhada nessa última década no Brasil a partir de um enfoque estratégico, que nos faria questionar:

(a) Qual o nível de realização de direitos humanos geracionais da infância-adolescência que se alcançou através de ações, de programas, serviços de promoção dos seus direitos a serviços, programas e ações de todas as políticas públicas (educação, cultura, saúde, assistência social, trabalho, segurança pública etc.)?

(b) Qual o nível de realização desses direitos, através da defesa ou proteção deles ("proteção jurídico social" – Estatuto, art. 87, V), com o acesso democrático e eficaz ao sistema de Justiça, quando tais direitos forem ameaçados ou violados?

(c) Qual o nível de realização desses direitos, através do controle da sociedade organizada e dos sistemas institucionais de correição e fiscalização das ações públicas, ou seja, os conselhos dos direitos e de políticas públicas, os órgãos do Ministério Público, os tribunais de contas, as casas do Parlamento, por exemplo?

A partir apenas desses três indicadores, acima, é de reconhecer-se que, no país, ainda se destacam pontualmente determinadas situações indesejadas, fruto de uma deformada visão reducionista, que se esgota na linha exclusivamente da defesa/proteção de direitos. Essa visão de espírito nitidamente menorista, pode levar a um rançoso hiper-dimensionamento da figura do juiz dentro de sistema de garantia de direitos humanos, em oposição a todo avanço que se conseguiu nesse ponto de relação à esquizofrênica "doutrina da situação irregular", firmada na idéia do juiz-pai, do juiz-administrador, do juiz-terapeuta.

Na forma do Estatuto citado, não caberia ao juiz, ao promotor, ao delegado de polícia, ao conselho tutelar fazer indevidamente o papel de gestores de políticas públicas. São resquícios dessa visão reducionista, por exemplo, os juízes que normalizam ampla, abusiva e ilegalmente através portarias; os que procuram desenvolver diretamente serviços e programas públicos; os que confundem controle judicial dos atos administrativos com supervisão hierárquico-administrativa; os que transformam conselhos tutelares em suas equipes multiprofissionais etc.

Em uma avaliação mais genérica nestes últimos 18 anos, ainda se observa, pelos levantamentos dos diversos órgãos de controle institucional ou social, situações como essas que deveriam constituir uma agenda de deformações a serem combatidas e de experiências exitosas igualmente, para se possibilitar a construção de melhores cenários, no futuro. Por sua vez, o oposto deve ser igualmente condenado: a redução da garantia de direitos exclusivamente à promoção de direitos, ou seja, ao mero atendimento direto em programas e serviços de assistência social, educação e saúde etc., sem a responsabilização jurídica (civil, penal, administrativo-disciplinar etc.) dos violadores, sem a necessária justicialização das demandas.

Muitos de nós, hoje gestores públicos e técnicos, lutamos muito na ordem constitucional e infraconstitucional pela idéia democrática de que as "as políticas públicas sociais básicas são um direito de todos e um dever do Estado". Mas esses mesmos estranham o rico processo de justicialização da garantia de direitos, através de ações judiciais. Essa postura

---

23. Essa Resolução reconhece e institucionaliza o sistema de garantia dos direitos humanos de crianças e adolescentes: o CONANDA não institui aí um sistema operacional de política pública (saúde, assistência social etc.) ou de acesso à Justiça (sistema de Justiça) e se reconhece institucionalmente a existência de uma ambiência sistêmica ou holística onde todos se articulam e integram no marco dos direitos humanos (do paradigma da doutrina da proteção integral).

equivocada leva ao Estado-benemerente. Leva à impunidade e à perpetuação do ciclo perverso de violações de direitos fundamentais, com as justificativas mais canalhas.

O hiper-dimensionamento dos programas e serviços das políticas públicas também tem suas mazelas e remete ao velho assistencialismo (clientelista, primeiro-damista, meramente de travessia, de franja etc.), ao higienismo, ao menorismo, que não viam essa criança/adolescente como "sujeito de direitos" e sim como "objeto de tutela", como "cabeça-financiada". Isto é, apenas exclusivamente como objeto de proteção especial em situações de vulnerabilidade e risco. E não, como agora, na ótica dos direitos humanos, como sujeitos com direito a uma proteção integral pelo Sistema de Justiça e pelos Sistemas de *todas* as Políticas Públicas, numa ambiência holística ou sistêmica, à qual se convencionou chamar de "sistema promoção e proteção/defesa (garantia) de direitos humanos".

Estes (e outros pontos) podem ser escolhidos como indicadores para avaliarmos o esforço maior pela realização dos direitos humanos de crianças e adolescentes no Brasil, a partir do processo de efetivação da normativa jurídica nacional e internacional, em especial da efetivação da Constituição Federal, da Convenção sobre os Direitos da Criança e do Estatuto da Criança e do Adolescente.

Por exemplo, quando temos que avaliar nossa eficiência e eficácia nos esforços pela realização dos direitos afetivo-sexuais da infância e adolescência e, conseqüentemente, quando temos de enfrentar a chamada "violência sexual contra crianças e adolescentes" (ou seja, o abuso e a exploração sexual-comercial), esses indicadores poderiam nos levar a reconhecer ou não a existência de certa tendência a se restringir nossa reflexão teórico-conceitual e nosso agir político-jurídico, preponderantemente à mera e exclusiva responsabilização penal dos abusadores e exploradores sexuais – maniqueistamente. Em detrimento do simultâneo e complementar:

(1) atendimento médico e/ou psicossocial do(a)s abusado(a)s e do(a)s explorado(a)s, em serviços ou programas especializados;

(2) da sua inclusão com garantia da permanência com sucesso, na escola;

(3) o seu atendimento especializado por serviços do sistema único de saúde;

(4) a inclusão das suas famílias (ou dos próprios beneficiários, conforme a idade) em programas de geração de ocupação, emprego e renda;

(5) ou em programas de erradicação do trabalho infantil (especialmente, os de eliminação imediata das piores formas de trabalho) etc. etc.

E além do mais, igualmente, nesses casos de realização de direitos sexuais e de combate à violência sexual, dever-se-ia assegurar o acompanhamento, monitoramento e avaliação (= controle), tanto das ações judiciais, quanto desse atendimento direto pelas políticas públicas, administrativamente.

VI – Conclusão

Neste ano de 2008, registram-se os 60 anos da Declaração Universal dos Direitos Humanos, os 20 anos da Constituição brasileira e os 18 anos da Convenção e do Estatuto citados. Talvez, nem tanto um tempo para se festejar, mas decididamente um tempo para se fazer "memória conjunta" – comemorar!

Mas sabendo onde as cobras se entocam, onde estão os obstáculos – mais fácil fica para que possam melhor caminhar os que se comprometeram no passado e se comprometem hoje, com aquela luta emancipatória pela garantia dos direitos humanos, historicamente positivados (ou ainda não!) da infância-adolescência brasileira.

DOUTRINA

Súmula 338 do Superior Tribunal de Justiça: Reflexões

MÁRIO LUIZ RAMIDOFF

A prescrição penal enquanto instituto jurídico-penal oriundo e orientado pela dogmática jurídico-penal, por certo, requer o atendimento de determinados requisitos legais para que possam ser extintas as medidas judicialmente aplicadas – específica de proteção e a socioeducativa – e a serem cumpridas pelo adolescente a quem se atribua autoria de ato infracional. É mediana e, em termos, razoavelmente, admitida a inteligência da Súmula 338 – "A prescrição penal é aplicável nas medidas socioeducativas" –, então, construída jurisprudencialmente pelo egrégio Superior Tribunal de Justiça, pois, como se pode observar, foi estruturada, também, tendo-se em conta a manutenção e a coerência sistemáticas – e sistematizantes – dos rituais de conhecimento e de admissibilidade (prelibativos) das matérias recursais encaminhadas àquela superior instância jurisdicional.

A conhecida Súmula 7 do egrégio Superior Tribunal de Justiça – "A pretensão de simples reexame de prova não enseja recurso especial" – é amplamente reconhecida pelo seu caráter restritivo para a admissão de pretensões recursais funcionando, assim, não só como "filtro" normativo das questões suscitadas através dos recursos especiais, mas, também, como "filtro" limitativo dos fluxos recursais que se acumulam diariamente como conseqüência enormemente exagerada quantitativamente das pretensões recursais para lá encaminhadas, bem como em decorrência mesmo da atual composição estrutural e funcional (orgânica) daquela instância superior. As limitações estabelecidas, pela apontada Súmula 7 do egrégio Superior Tribunal de Justiça, impedem, por assim dizer, a própria admissão do conhecimento de recursos especiais quando se busca rediscutir questões relacionadas à (re)construção – modificação – das circunstâncias ou condições fáticas, haja vista que não se admite o "reexame de prova". Em idêntica linha, aquelas limitações também aparecem, aqui, senão, subliminarmente, com o entendimento agora esposado e, assim, consignado, na nova Súmula 338, daquele egrégio Superior Tribunal, haja vista que a sua restrição é consentânea não mais com aquelas que impedem o conhecimento de recurso especial, mas, sim, agora, torna impossível juridicamente a discussão acerca da matéria relacionada ao suporte fático-jurídico ou probatório.

O incomensurável número de recursos especiais direcionados ao egrégio Superior Tribunal de Justiça, certamente, resvalam nos precisos juízos de prelibação (admissibilidade) que, reiteradamente, expurgam daquele Tribunal *ad quem* a possibilidade do conhecimento de pretensão recursal, com fulcro na incompatibilidade com o comando jurisprudencial contido na Súmula 7. Isto é, "a pretensão de simples reexame de prova não enseja recurso especial".

Entretanto, observa-se que na construção de resolução legal adequada a um caso concreto, então, disputado perante o Juízo de Direito da Infância e da Juventude – categoricamente reconhecido como de 1º Grau de Jurisdição –, por certo, que, a utilização da comentada Súmula 338, do egrégio Superior Tribunal de Justiça, não se justifica.

Não se justifica a sua utilização, precisamente, porque não se afigura plausível simplesmente considerar a "contagem de tempo" – requisito legal objetivo da "prescrição penal", enquanto instituto jurídico-legal pertinente à dogmática jurídico-penal –, em detrimento tanto jurídico, quanto social e pedagogicamente à reavaliação "a qualquer tempo" da medida socioeducativa aplicada judicialmente (aqui, em especial, as privativas de liberdade), segundo as condições humanas peculiares de desenvolvimento do adolescente que se envolveu num acontecimento conflitante com a existência da norma legal.

A reavaliação da medida legal judicialmente adotada, que, então, deverá ser realizada a qualquer tempo, por si só, já demonstraria satisfatoriamente a completa impertinência da utilização do instituto jurídico-legal da "prescrição penal", haja vista que, por mais esta vez, resta comprovado que o Estatuto da Criança e do Adolescente (Lei federal n. 8.069, de 13 de julho de 1990) – enquanto, "Lei de Regência" – possui categorias, elementos e institutos jurídico-legais de caráter protetivo (humanitário), específicos e sistematizados que oferecem resoluções adequadas às questões relacionadas aos direitos individuais e às garantias fundamentais da criança e do adolescente.que

Isto é, não se pode reduzir a análise judicial da manutenção ou não das medidas legais judicialmente aplicadas – específica de proteção e ou socioeducativa – a um aspecto meramente procedimental, valorizando-se, assim, apenas a fórmula (o aspecto formal e processual), em detrimento mesmo da substancialidade (o aspecto essencial humano) que pode muito bem proporcionar processos de subjetivação (emancipação, enquanto melhoria da qualidade de vida individual e coletiva) destinados ao adolescente a quem se atribui a prática de ato infracional.

De outro lado, não se pode olvidar que o instituto jurídico-legal denominado "prescrição" não é atributo, elemento ou categoria pertencente ao Direito Penal, senão, mesmo de seu uso exclusivo. Porém, observa-se que o instituto jurídico-legal (penal) utilizado na comentada Súmula 338 do Superior Tribunal de Justiça é precisamente aquele descrito como "prescrição penal", o que importa (in)conseqüentemente no reconhecimento – ainda, que, operado de maneira subliminar – de uma natureza jurídica de cunho repressivo-punitivo (castigo), completamente diversa daquela constitucional ("sujeitos às normas da legislação especial"),[1] e estatutariamente ("sujeitos às medidas previstas nesta Lei")[2] estabelecida às medidas socioeducativas, qual seja: de caráter pedagógico.

Bem por isso, afigura-se plausível teórico-pragmaticamente a construção normativa (legal) de uma "prescrição socioeducativa", por assim dizer, que se oriente não pelos ditames (critérios, requisitos e fundamentos) estabelecidos pela dogmática jurídico-penal, mas, sim, pelas diretrizes jurídico-protetivas (humanitárias) estabelecidas pela doutrina da proteção integral. Para tal desiderato, portanto, torna-se indispensável não só o estabelecimento de requisitos legais objetivos, mas, também, de requisitos legais subjetivos, os quais deverão ser devidamente aferíveis, periodicamente, pela equipe interprofissional que acompanhar o cumprimento das medidas socioeducativas, através das informações prestadas na elaboração dos relatórios individuais que evidenciarão o compromisso do jovem com o projeto socioeducativo (pedagógico) estabelecido.

---

1. Constituição Federal, "Art. 228. São penalmente inimputáveis os menores de dezoito anos, sujeitos às normas da legislação especial".

2. Lei n. 8.069, de 13.7.1990 (ECA): "Art. 104. São penalmente inimputáveis os menores de 18 (dezoito) anos, sujeitos às medidas previstas nesta Lei".

Por certo, não se trata aqui e, por isso, não se pode confundir, o acompanhamento técnico e multidisciplinar desenvolvido pela equipe interprofissional – arts. 150 e 151, do Estatuto da Criança e do Adolescente[3] –, com o já jurisprudencialmente abolido "exame criminológico", então, realizado para o cumprimento de sanções penais caracteristicamente privativas de liberdade, senão, muito menos com o "exame criminológico", ainda, admitido e realizado para a verificação da "periculosidade" do agente submetido ao cumprimento de medidas de segurança.

Em suma, os requisitos subjetivos que deverão ser legalmente estabelecidos necessitam ser vinculados com a condição humana peculiar de desenvolvimento da personalidade do adolescente a quem se atribuiu autoria de ato infracional – art. 6º, do Estatuto da Criança e do Adolescente –, haja vista que se encontra num projeto pedagógico individualizado de subjetivação, para que se torne um cidadão responsável por si e respeitado por outros.

Por isso mesmo, a eventual modificação, substituição ou extinção de uma medida socioeducativa judicialmente aplicada que estiver sendo cumprida pelo adolescente, a quem se atribuiu autoria de ato infracional, invariavelmente, não só pode, como deve, ser necessariamente revista a qualquer tempo independentemente de "contagem de prazo legal" para tal desiderato – nos termos do que se encontra disposto no art. 99, combinado com o art. 113 e com o art. 128, todos do Estatuto da Criança e do Adolescente – e, não, diversamente, como requer o denominado instituto jurídico-penal da "prescrição penal".

O Estatuto da Criança e do Adolescente preceitua que a medida socioeducativa "aplicada por força da remissão poderá ser revista judicialmente, a qualquer tempo",[4] senão, que "deverá" sempre assim proceder o órgão julgador que implementar ou acompanhar o seu cumprimento. Se nos casos em que as medidas legais aplicadas, judicialmente, por força da remissão (vale dizer, um *minus*), dentre aquelas distintas da semiliberdade e internação, podem ser revistas, a qualquer tempo, com maior razão, aquelas – medidas específicas de proteção[5] e ou socioeducativas[6] – que são aplicadas judicialmente através do procedimento especial para apuração de atos infracionais atribuído a adolescente (arts. 171 a 190, Seção V, Capítulo III, Título VI, Livro II, da Lei federal n. 8.069, de 13 de julho de 1990), por certo, admitem reavaliação periódica, com o intuito de que seja verificada a hipótese de modificação por "outra medida adequada",[7] senão, de sua própria extinção.

De acordo com Paulo Afonso Garrido de Paula, uma das características marcantes das medidas legais aplicáveis ao adolescente "em conflito com a lei" é a provisoriedade decorrente da "instrumentalidade que também as caracteriza", em linha mesmo com a "regra geral [que] consiste na possibilidade de substituição da medida socioeducativa a qualquer tempo".[8]

---

3. Lei n. 8.069, de 13.7.1990 (ECA): "Art. 150. Cabe ao Poder Judiciário, na elaboração de sua proposta orçamentária, prever recursos para manutenção de equipe interprofissional, destinada a assessorar a Justiça da Infância e da Juventude. Art. 151. Compete à equipe interprofissional, dentre outras atribuições que lhe foram reservadas pela legislação local, fornecer subsídios por escrito, mediante laudos, ou verbalmente, na audiência, e bem assim desenvolver trabalhos de aconselhamento, orientação, encaminhamento, prevenção e outros, tudo sob a imediata subordinação à autoridade judiciária, assegurada a livre manifestação do ponto de vista técnico".

4. Lei n. 8.069, de 13.7.1990 (ECA): "Art. 128. A medida aplicada por força da remissão poderá ser revista judicialmente, a qualquer tempo, mediante pedido expresso do adolescente ou de seu representante legal, ou do Ministério Público".

5. Lei n. 8.069, de 13.7.1990 (ECA): "Art. 99. As medidas previstas neste Capítulo poderão ser aplicadas isolada ou cumulativamente, bem como substituídas a qualquer tempo. Art. 100. Na aplicação das medidas levar-se-ão em conta as necessidades pedagógicas, preferindo-se aquelas que visem ao fortalecimento dos vínculos familiares e comunitários".

6. Lei n. 8.069, de 13.7.1990 (ECA): "Art. 113. Aplica-se a este Capítulo o disposto nos arts. 99 e 100".

7. Lei n. 8.069, de 13.7.1990 (ECA): "Art. 122. A medida de internação só poderá ser aplicada quando: (...). § 2º. Em nenhuma hipótese será aplicada a internação, havendo outra medida adequada".

8. Paulo Afonso Garrido de Paula, *Direito da Criança e do Adolescente e Tutela Jurisdicional Diferenciada*, pp. 115 e ss. O Autor leciona que "o terceiro traço da tutela socioeducativa é a precariedade. As medidas

As medidas legais que contemplam privação de liberdade – semiliberdade e internação[9] – enquanto socioeducativas devem ter a manutenção reavaliada a qualquer tempo, senão, "no máximo a cada 6 (seis) meses", mediante decisão fundamentada.

Isto é, deve ser a qualquer tempo revista, dependendo, pois, para tal desiderato, que as circunstâncias fáticas e as condições pessoais do adolescente tenham sido modificadas e avaliadas através de "estudo" ou "relatório" individual, familiar e social elaborado pela Equipe[10] Técnica e multidisciplinar que deve existir em cada um dos equipamentos em que se cumpram medidas socioeducativas correspondentes à privação da liberdade.

Não fosse isto, a Equipe Interprofissional que deve funcionar junto à Justiça da Infância e da Juventude – nos termos do art. 151, do Estatuto –, também, poderá "fornecer subsídios por escrito, mediante laudos, ou verbalmente, na audiência", nos casos em que for suscitada a reavaliação da adequabilidade da medida legal aplicada judicialmente, segundo a condição peculiar de desenvolvimento da personalidade do adolescente que se envolveu num acontecimento conflitante com a existência da norma legal.

A sociopedagogia inerente às medidas socioeducativas, no fundo, exige acompanhamento diuturno da evolução que se opera rapidamente na dimensão pessoal e comportamental da criança e do adolescente, enquanto seres humanos em formação da subjetividade. Aqui, por certo, com maior acuidade, tratando-se especificamente do adolescente que se envolveu num evento conflitante com a existência da norma. Não é raro que se opere a jurisdicionalização de condutas que não são nem de perto conflitantes com a existência da norma – como, por exemplo, simples indisciplinas –, que, sequer, colocam a condição pessoal (comportamental) do adolescente propriamente "em conflito com a lei".[11]

As exigências funcionais e de eficiência do Sistema de Justiça Infanto-Juvenil (Sistema de Garantias dos Direitos) e, em especial, aquela com destinação socioeducativa,[12] não

---

socioeducativas são sempre provisórias, o que decorre da instrumentalidade que também as caracteriza. Cumpridas as suas finalidades, desaparece sua própria razão de ser, podendo ser revogada a qualquer tempo. (...) Quando tratou da liberdade assistida (...) expressamente consignou a possibilidade de revogação a qualquer tempo (...). A internação, definida legalmente como 'medida privativa de liberdade' também serve para indicar a precariedade da medida socioeducativa, mesmo porque sujeita ao princípio constitucional da brevidade (...). Por esta razão não comporta prazo determinado, tem prazo de duração limitado em três anos e deve ser revista, obrigatoriamente, a cada seis meses".

9. Lei n. 8.069, de 13.7.1990 (ECA): "Art. 120. O regime de semiliberdade pode ser determinado desde o início, ou como forma de transição para o meio aberto, possibilitada a realização de atividades externas, independentemente de autorização judicial. § 1º. É obrigatória a escolarização e a profissionalização, devendo, sempre que possível, ser utilizados os recursos existentes na comunidade. § 2º. A medida não comporta prazo determinado, aplicando-se, no que couber, as disposições relativas à internação. Art. 121. A internação constitui medida privativa da liberdade, sujeita aos princípios da brevidade, excepcionalidade e respeito à condição peculiar de pessoa em desenvolvimento. § 1º. Será permitida a realização de atividades externas, a critérios da equipe técnica da entidade, salvo expressa determinação judicial em contrário. § 2º. A medida não comporta prazo determinado, devendo a sua manutenção ser reavaliada, mediante decisão fundamentada, no máximo a cada 6 (seis) meses. § 3º. Em nenhuma hipótese o período máximo de internação excederá a 3 (três) anos. § 4º. Atingido o limite estabelecido no parágrafo anterior, o adolescente deverá ser liberado, colocado em regime de semiliberdade ou de liberdade assistida. § 5º. A liberação será compulsória aos 21 (vinte e um) anos de idade. § 6º. Em qualquer hipótese a desinternação será precedida de autorização judicial, ouvido o Ministério Público".

10. Lei n. 8.069, de 13.7.1990 (ECA): "Art. 90. As entidades de atendimento são responsáveis pela manutenção das próprias unidades, assim como pelo planejamento e execução de programas de proteção e socioeducativos destinados a crianças e adolescentes, em regime de: (...). Art. 94. As entidades que desenvolvem programas de internação têm as seguintes obrigações, entre outras: (...); XIII – proceder a estudo social e pessoal de cada caso; XIV – reavaliar periodicamente cada caso, com intervalo máximo de 6 (seis) meses, dando ciência dos resultados à autoridade competente; (...)".

11. Josiane Rose Petry Veronese, *Direito da Criança e do Adolescente*, 2006.

12. Mário Luiz Ramidoff, *Lições de Direito da Criança e do Adolescente: Ato Infracional e Medidas Socioeducativas*, pp. 89-100. Pontuava-se, então, que "Em adendo final, entende-se que andou bem o novo Código

podem se constituir em motivos legitimantes para a expansão da Dogmática Jurídico-Penal (Direito Penal Juvenil), que perverte a "tendência humanitária e protetiva"[13] adotada constitucionalmente por opção política, ao oferecer soluções simplistas e imediatas às questões relativas ao adolescente "em conflito com a lei". Insofismavelmente, o Direito da Criança e do Adolescente constituído por sistemas integrados e de proteção possui autonomia epistemológica e se distingue no ordenamento jurídico brasileiro dos demais ramos e campos jurídico-legais.

Logo, não se afigura legitimamente plausível dizer que se trata de um subsistema jurídico de qualquer outro ramo ou campo jurídico-legal específica – e, muito menos, daquele designado por Direito Penal de acordo com o que foi expressamente consignado no art. 267, da Lei federal n. 8.069, de 13 de julho de 1990.[14] Portanto, o tratamento jurídico-legal destinado ao ato infracional, bem como às medidas socioeducativas, devem ser completamente distintos daqueles destinados respectivamente aos crimes e as sanções penais, pois o Direito da Criança e do Adolescente não se constitui num subsistema jurídico-legal do Direito Penal e ou mesmo do Direito Processual Penal.

Neste sentido, Alexandre Morais da Rosa pontua que "um processo infracional pode se construir de maneira autônoma porque significa o manejo do poder estatal, com repercussões nos Direitos Fundamentais do adolescente, mas nem por isso é Direito Penal".[15] Por certo, que, uma tal construção jurisprudencial – Súmula 338, do Superior Tribunal de Justiça – projeta no universo conceitográfico jurídico-legal (Estatutário) a ressurreição do "direito penal do menor infrator", hoje, travestido de Direito Penal Juvenil, cuja vertente primeva continuará sempre a ser a Dogmática Jurídico-Penal de cunho repressivo-punitivo, ainda, que, apenas aplicada de forma simbólico-preventivamente.[16] O instituto jurídico-penal denominado de "prescrição" remonta, pois, a esse horizonte repressivo-punitivista, o qual apesar da aparente "liberalidade" requer, para o seu reconhecimento, atendimento de requisitos legais que não se encontram expressamente descritos na normativa Estatutária.

Até porque, a possibilidade de reconhecimento da "prescrição penal", enquanto instituto jurídico-legal pertinente epistemologicamente à Dogmática Jurídico-Penal, para além de reforçar a possibilidade de ressurreição do sepultado "Código de Menores", de cunho repres-

---

de Organização e Divisão Judiciária do Paraná, ao estabelecer a Vara de Adolescentes Infratores, enquanto Juízo de Direito autônomo, especializado e exclusivo para apuração de ações conflitantes com a lei, então, praticadas por adolescentes, ou seja, por pessoas com idade entre 12 (doze) e 18 (dezoito) anos completos – art. 2º, da Lei federal sob n. 8.069, de 13 de julho de 1990 – guardando-se, assim, adequação estrutural para o efetivo atendimento das novas funções estatais legal e legitimamente instituídas".

13. Mário Luiz Ramidoff, ob. cit., pp. 58 e ss. Advertia-se, então, que "esta ciência extraordinária que vem operando mudanças importantes que se chama Doutrina da Proteção Integral que, certamente, não precisa ser substituída ou amparada por um pretenso Direito Penal Juvenil. A Doutrina da Proteção Integral é bastante em si para fundar um trabalho coletivo do novo pensamento sobre o asseguramento integral e prioritário dos direitos da criança e do adolescente, de forma continuada e superadora, haja vista que isto representa o sentido mesmo da dialética democrática que evita um centralismo autoritário do Estado em ser o concentrador expansionista e tutelador de direitos, e passa a (re)conduzir a mirada protetiva na centralidade e dignidade da pessoa humana".

14. Lei n. 8.069, de 13.7.1990 (ECA): "Art. 267. Revogam-se as Leis 4.513, de 1964, e 6.697, de 10 de outubro de 1979 (Código de Menores), *e as demais disposições em contrário*" (destacou-se).

15. Alexandre Morais Rosa, *Introdução Crítica ao Ato Infracional: Princípios e Garantias Constitucionais*, pp. 13 e ss. De acordo com o Autor, "rejeita-se, assim, neste escrito e de plano, a aproximação pretendida pelo Direito Penal Juvenil. (...) Enquanto se mantiver a perspectiva pedagógica – reforma subjetiva do sujeito adolescente – das medidas socioeducativas, nada muda. (...) O que se pretende construir, de fato – as críticas são decorrentes da Democracia –, é uma atuação na área da Infância e Juventude, especialmente no ato infracional, que respeite o adolescente em sua singularidade e não se arvore, em nome da nazista pretensão pedagógica, na imposição de um modelo de conduta social, de normatização (Foucault), sendo que as garantias processuais não decorrem do Direito Penal, mas da normativa aplicável aos atos infracionais, da Democracia Republicana".

16. Mário Luiz Ramidoff, *Direito da Criança e do Adolescente: por uma Propedêutica Jurídico-Protetiva Transdisciplinar*, 2007.

sivo-punitivo,[17] certamente, abre caminho para o reconhecimento de outros institutos jurídico-penais, como, por exemplo, a "assistência na acusação", a configuração da "hediondez" dentre tantas outras aberrações legislativas penais e processuais penais.

Enquanto isso, afigura-se sempre mais fácil reduzir a personalidade humana a um conhecimento preestabelecido (Dogmática Jurídico-Penal), num aprisionamento do ser humano através da metodologia existencialista,[18] justificante do sistema oficial de controle social, do que propriamente desenvolver um novo conhecimento com suas características teórico-pragmáticas distintas – aqui, Direito da Criança e do Adolescente – acerca daqueles seres humanos que se encontram na condição peculiar de desenvolvimento.

Pois, uma coisa é certa, o Direito Penal nunca serviu e, por certo, jamais servirá para a emancipação da subjetividade humana e, muito menos, para a melhoria da qualidade individual (pessoal) do adolescente que se envolveu num acontecimento conflitante com a existência da norma, e, ou social (familiar e comunitária), haja vista que não tem o condão de agregar direitos e ou preparar o respectivo núcleo familiar para lidar com assuntos vinculados a pequenas indisciplinas tanto quanto a atos infracionais.

Isto é, a Dogmática Jurídico-Penal não tem por função o oferecimento de apoio institucional ao adolescente, e, sequer, ao respectivo núcleo familiar e comunitário a que pertence. Ademais, nas hipóteses da não possibilidade jurídico-legal do reconhecimento e aplicação da "prescrição penal", precisamente, pelo não preenchimento dos requisitos legais exigidos pela Dogmática Jurídico-Penal, por certo, restará violado o direito fundamental ao devido processo legal indicado estatutariamente para a manutenção da medida socioeducativa a ser cumprida, sobretudo, daquelas que importam na privação da liberdade do adolescente.

Nos termos do § 2º, do art. 121, da Lei federal n. 8.069, de 13 de julho de 1990 (Estatuto da Criança e do Adolescente), "a medida não comporta prazo determinado, devendo sua manutenção ser reavaliada, mediante decisão fundamentada, no máximo a cada 6 (seis) meses", e, não, de modo diverso, como preferem alguns, aplicar simplesmente aquele instituto jurídico-penal, segundo lapso temporal encontrado entre o mencionado período de reavaliação e o "período máximo de internação". Tal paralelismo concorrencial de institutos jurídico-penais não contemplados na sistemática jurídico-protetiva inscrita no Direito da Criança e do Adolescente a partir de suas Leis de Regência[19] – Constituição da República de 1988 e Estatuto da Criança e do Adolescente – relativiza indevidamente os direitos e garantias fundamentais afetos à infância e à juventude. Vale dizer, é a absoluta impropriedade argumentativa de que se apropriam de maneira indevida aqueles que buscam sustentar a aplicação do instituto jurídico-penal denominado "prescrição" através de discursos cruzados e incompatíveis,

---

17. Mário Luiz Ramidoff, ob. cit., pp. 60 e ss. "Isto é, afastou-se definitivamente qualquer reminiscência que pudesse suscitar a aplicação de experiências ou mesmo qualquer paralelismo com o sepultado 'Código de Menores' tão particularmente próprio dos sistemas de justiça penal essencialmente repressivo-punitivos. (...) O equívoco do sistema retributivo, punitivo, sancionatório, ainda que articulado com algumas garantias próprias de direito penal, ao que se vem denominando de Direito Penal Juvenil – isto sim, um tremendo eufemismo – nada mais é do que acreditar que se possa conceber uma verticalização – engessamento mesmo – de um padrão de dignidade humana. Não fosse só, o pecado epistemológico do dito Direito Penal Juvenil é acreditar que as garantias e os instrumentos legais assecuratórios do pleno exercício da cidadania se encontram fundados no desenvolvimento da dogmática jurídico-penal, quando, na verdade, são conquistas históricas dos Direitos Humanos".

18. Jean-Paul Sartre, *Questão de Método*, 3ª ed., pp. 7 e ss. Para Jean-Paul Sartre o "conhecimento é um modo do ser, mas, na perspectiva materialista, não se pode pensar em reduzir o ser ao conhecido (...) um *projeto pessoal* que tem dois caracteres fundamentais: ele não pode em caso algum definir-se por conceitos; enquanto projeto *humano*, é sempre *compreensível* (de direito, senão de fato). *Explicitar* esta compreensão não conduz de maneira alguma a encontrar as noções abstratas cuja combinação poderia restituí-la no saber conceptual, mas reproduzir por si mesma o movimento dialético que parte dos dados recebidos e se eleva à atividade significante".

19. Mário Luiz Ramidoff, *Direito da Criança e do Adolescente: por uma Propedêutica Jurídico-Protetiva Transdisciplinar*, 2007.

haja vista que os critérios para fixação do lapso temporal necessário para o reconhecimento da "prescrição penal" de medidas socioeducativas relaciona/vincula indevidamente o "prazo de reavaliação" ao do "período máximo de internação".

O não reconhecimento judicial do instituto jurídico-penal da "prescrição", conseqüentemente, importará em indevida justificação que legitimará a manutenção da medida socioeducativa – mais grave ainda quando se tratar de medida privativa da liberdade –, haja vista que se dará sem qualquer reavaliação (§ 2º, do art. 121, do Estatuto) técnica periódica (incs. XIII e XIV, do art. 94, do Estatuto) da condição peculiar do desenvolvimento (art. 6º combinado com o *caput* do 121, ambos do Estatuto) atual do adolescente "em conflito com a lei". De outro lado, os "lapsos temporais" para o reconhecimento judicial da "prescrição" – nos moldes penais – das medidas socioeducativas são incomensuravelmente maiores do que determina a legislação estatutária, pois, como se viu, toda e qualquer medida socioeducativa "poderá" (senão, "deverá"!) "ser revista judicialmente a qualquer tempo" (arts. 99, 113 e 128, todos do Estatuto), quando, não, em se tratando de medida que importe na privação da liberdade (semiliberdade ou internação, nos termos dos §§ 2º, tanto do art. 120, quanto do art. 121, ambos do Estatuto), "devendo sua manutenção ser reavaliada, mediante decisão fundamentada, no máximo a cada 6 (seis) meses", isto é, também "*a qualquer momento*", independentemente, de qualquer outro preenchimento temporal ou mesmo ligado à contagem de prazo!

Tal revisão judicial pode ter caráter modificativo, substitutivo, suspensivo e extintivo, consoante for a (re)avaliação periódica, social e pessoalmente pela Equipe Técnico-Multidisciplinar da entidade de atendimento, de proteção e socioeducativa. Entretanto, é fundamental a participação paritária não só dos atores processuais – Advocacia, Ministério Público e Magistratura –, mas, também, do adolescente, de seus pais ou responsável, e, principalmente, da Equipe Técnica-Multidisciplinar do equipamento em que se encontra vinculado o jovem, uma vez que opera a sua intervenção diretamente sobre aquele adolescente tanto na construção, quanto no cumprimento do projeto socioeducativo individualizado para a (trans)formação responsável de sua personalidade.

A medida socioeducativa por decorrência mesmo de sua natureza jurídico-pedagógica (responsabilização diferenciada e pedagógica[20]) não admite o reconhecimento do instituto jurídico-penal da "prescrição", pois, em que pese o decurso de lapso temporal entre a conduta infracional e o início do cumprimento de medida socioeducativa, é certo que a qualquer momento, por decisão fundamentada, e, em observância do devido processo legal, pode ser modificada, substituída, suspensa ou extinta a medida legal judicialmente aplicada.

Isto é, o sistema estatutariamente construído para o tratamento da questão infracional, por certo, prescinde da "previsão normativa penal", segundo Bianca Mota de Moraes e Helane Vieira Ramos,[21] as quais concluem suas ponderações com apoio no entendimento sustentado por Murillo José Digiácomo,[22] para quem "de modo a evitar a ocorrência das situações anômalas apontadas pelos partidários da prescrição, foi prevista a possibilidade do reconhecimento, pela autoridade judiciária, a qualquer momento, de ofício ou a requerimento da parte, da chamada 'perda do objeto socioeducativo', em face do desaparecimento do caráter

---

20. Josiane Rose Petry Veronese, *Direito da Criança e do Adolescente*, 2006.
21. Bianca Mota de Moraes e Helane Vieira Ramos, "A prática de ato infracional", in Kátia Regina Ferreira Lobo Andrade Maciel (coord.), *Curso de Direito da Criança e do Adolescente: Aspectos Teóricos e Práticos*, pp. 773-853.
22. Murillo José Digiácomo, *Breves Considerações sobre a Proposta de Lei de Diretrizes Socioeducativas*, disponível em http://www.mp.pr.gov.br, acesso em 16.10.2007. De acordo com o Autor, "chega-se ao mesmo resultado que adviria com a incorporação do instituto da prescrição, porém com a utilização de uma argumentação própria, mais adequada à citada proposta estatutária, que leva o operador a melhor refletir acerca dos objetivos do procedimento socioeducativo e medidas dele resultantes".

pedagógico da medida ocorrido em virtude do prolongado decurso do tempo entre o momento da prática infracional e o início ou reinício da execução da medida".

Um dos objetivos principais da intervenção estatal diferenciadamente responsabilizadora (nos termos do art. 228, da Constituição da República de 1988[23]) é a proteção integral do adolescente ainda que "em conflito com a lei". Enfim, nos casos em que a medida legal – protetiva ou socioeducativa – judicialmente aplicada não mais se afigurar adequada[24] para resolução legal do caso concreto, e, principalmente, para a construção de um projeto de vida responsável que conte com a anuência do adolescente que se envolveu num acontecimento conflitante com a existência da norma, certamente, impõe-se a sua revisão judicial. Por isso, a medida legal a ser adotada judicialmente – seja protetiva, seja socioeducativa – deverá também se consubstanciar em "meio de intervenção no desenvolvimento do jovem, de sorte a tentar reverter o potencial infracional", conforme adverte Paulo Afonso Garrido de Paula,[25] para quem "a intervenção não se resume na reprovação da conduta, manifestada pela imposição da medida socioeducativa, mas impõe conteúdo capaz de propiciar ao jovem a ela submetida aquisição de condições objetivas que lhe permitam enfrentar os desafios do cotidiano sem a utilização de recursos que importem na violação de direitos do outrem".

Com efeito, a falta ou mesmo a prestação irregular de serviços públicos – inclusive, relacionado à sua estruturação do Sistema de Justiça – não autorizam a adoção de institutos jurídico-penais e a eventual preferência dos "números fáceis dos arquivamentos, por prescrição, anistia, graça ou indulto", consoante pontualmente assevera Gercino Gerson Gomes Neto.[26] Para este Autor[27] atual Procurador-Geral de Justiça do Ministério Público do Estado de Santa Catarina, e, à época, Coordenador do Centro das Promotorias da Infância de Florianópolis, destacava a pacificação do entendimento jurisprudencial, no egrégio Superior Tribunal de Justiça, acerca do descabimento da utilização do instituto jurídico da prescrição penal no tratamento das medidas legais – específicas de proteção e socioeducativas – judicialmente aplicadas ao adolescente a quem se atribui a prática de ato infracional, isto é:

"(...) a maioria esmagadora das decisões dos tribunais, inclusive do STJ, tem sido no sentido de que não se aplica aos atos infracionais, senão vejamos: 'Tratando-se de menores inimputáveis, as medidas socioeducativas previstas no art. 112 do ECA, não se revestem da mesma natureza jurídica das penas restritivas de direito, em razão do que não se lhes aplicam as disposições previstas na lei processual penal relativas a prescrição punitiva' (HC 7.598-MG, rel. Ministro Vicente Leal, decisão da 6ª Turma do STJ, em 18.8.1998 – participou com voto vencedor o Ministro Luiz Vicente Cernicchiaro).

"Do corpo do acórdão acima se extrai ementa da lavra do Desembargador Luiz Carlos Biasutti (acórdão recorrido do TJMG): '*Estatuto da Criança e do Adolescente. Medida Socioeducativa – Prescrição retroativa – Impossibilidade* – Em se tratando de medida socioeducativa, aplicada com base no ECA, não falar-se em prescrição da pretensão punitiva, mesmo porque, no caso, Estado não tem pretensão punitiva, mas apenas a pretensão educativa – Precedente – Ordem denegada'.

---

23. Constituição Federal, "Art. 228. São penalmente inimputáveis os menores de dezoito anos, sujeitos às normas da legislação especial".

24. Paulo Afonso Garrido de Paula, ob. cit. Por medida socioeducativa adequada, entende o Autor que "é aquela cuja instrumentalidade resultou evidenciada pela simbiose entre seus dois elementos constitutivos, ou seja, entre o interesse juridicamente protegido de defesa da sociedade de atos infracionais e o não menos subordinante interesse em interferir no desenvolvimento do jovem, através de ações pedagógicas, tendo como fito a aquisição ou desenvolvimento de recursos pessoais e sociais que possibilitem os mecanismos necessários para a superação das adversidades de forma lícita".

25. Paulo Afonso Garrido de Paula, ob. cit.

26. Gercino Gerson Gomes Neto, "Porque não precisamos de uma lei de execução socioeducativa", *Revista Igualdade*, v. 7, n. 24, Curitiba, pp. 1-46, jul./set. 1999.

27. Gercino Gerson Gomes Neto, ob. cit.

"Outro não é o entendimento do TJRS, TJPR e TJSP. Na verdade, vejo apenas o TJSC insistir na questão da prescrição e do direito penal dito juvenil. Ou seja, não há o que pacificar, e se houvesse, a súmula poderia fazer isto, mas o STJ, pelo visto, sumulará o contrário do que pretendem os defensores da lei."

As medidas legais previstas no Estatuto da Criança e do Adolescente, senão, precisamente, as socioeducativas (independentemente de se constituírem em privativas de liberdade) podem, quando, não, devem ser revistas a qualquer tempo – do contrário, "no máximo a cada 6 (seis) meses", segundo o § 2º do art. 121 do mencionado Estatuto –, haja vista que a sua manutenção infundada, sob o argumento judicial de que ainda não se observou "prazo legal" indispensável para o reconhecimento jurídico-legal da "prescrição penal", agora, "sumulada" – por assim dizer, como se impusesse hermenêutica e exegeticamente de forma obrigatória –, com certeza, configurar-se-á ilegal e injustificado eventual descumprimento de benefício (direito individual de cunho fundamental afeto ao adolescente "em conflito com a lei", como, por exemplo, a modificação, a substituição e a extinção de medidas socioeducativas) reconhecido ao adolescente privado de liberdade, consoante os lineamentos normativos que se podem extrair do disposto no art. 235 do Estatuto da Criança e do Adolescente.[28]

Nas hipóteses em que for recomendada a desinstitucionalização progressiva do adolescente que cumpre medida socioeducativa privativa da liberdade, ou, mesmo a extinção de seu cumprimento (através de laudo técnico acerca do atendimento dos objetivos traçados no projeto socioeducativo, o qual tenha sido pedagógica e individualmente estabelecido e acompanhado dia a dia por equipe interprofissional), por certo, que, a eventual manutenção do cumprimento de tais espécies de medidas, tão-só sob o fundamento de que ainda não fora observado o "prazo legal" – isto é, o lapso temporal necessário, enquanto critério objetivo – para o reconhecimento do instituto jurídico-legal da "prescrição penal", constituir-se-á numa ilegal (infundada) e injustificada (deslegitimada) restrição, limitação e, senão, supressão de liberdades substanciais – expressamente previstas nas "Leis de Regência" (Constituição da República de 1988 e Estatuto da Criança e do Adolescente) – não apenas daquelas significativas do direito fundamental de ir, vir e ou permanecer.

Isto é, ao se estabelecer jurisprudencialmente a plausibilidade jurídica do reconhecimento e aplicação do instituto jurídico-legal da "prescrição penal", por certo, olvidou-se das hipóteses concretas acerca da sua não utilização, precisamente pelo não atendimento do "prazo legal" para tal desiderato, quando, não, apoiou-se em critérios, elementos e categorias pertinentes à dogmática jurídico-penal – do Direito Penal, enquanto saber/conhecimento oficial do sistema de controle social – para o estabelecimento de uma "contagem" surreal do lapso temporal minimamente necessário para o reconhecimento da "prescrição penal" de medidas socioeducativas.

Pois, os critérios, requisitos e mensurações estão estabelecidos por argumentos e discursos que se sustentam em presunções indemonstráveis, quando, não, absolutamente distanciados das orientações principiológicas estabelecidas pela doutrina da proteção integral, haja vista que o prazo "máximo" de 6 (seis) meses para a reavaliação, indiscutivelmente, não pode ser considerado como o "prazo mínimo" para a contagem do lapso temporal necessário para o reconhecimento e aplicação do instituto jurídico-legal da "prescrição penal".

No fosse isto, a regra limitativa, segundo a qual "em nenhuma hipótese o período máximo de internação excederá a três anos", com certeza impede a aplicação da medida socioeducativa de internação – privativa de liberdade – e suas eventuais manutenções recomendadas por laudo técnico para além dos 3 (três) anos – o que certamente não pode ser tido como

---

28. Lei n. 8.069, de 13.7.1990 (ECA): "Art. 235. Descumprir, injustificadamente, prazo fixado nesta Lei em benefício de adolescente privado de liberdade: Pena – detenção de 6 (seis) meses a 2 (dois) anos".

"limite máximo de prazo legal", isto é, "tempo" (lapso temporal), que poderia ser eventualmente tido como "certo" para o cumprimento da medida socioeducativa – a qual, como se sabe, "não comporta prazo determinado", consoante § 2º, do art. 121, do Estatuto da Criança e do Adolescente –, motivo pelo qual não pode ser tido como marco de "tempo" presumidamente "determinado" para "contagem" de prazo legal necessário para o reconhecimento da "prescrição penal".

Conquanto, o órgão julgador, assim como o órgão de execução ministerial e o defensor do adolescente em conflito com a lei devem acompanhar o cumprimento da medida socioeducativa aplicada requerendo sempre o que se afigure necessário, através de avaliações técnicas periódicas acerca da adequabilidade da medida para fins de sua eventual manutenção, modificação, substituição ou extinção, independentemente, do atendimento de "prazo legal" e ou "período máximo" de cumprimento. É o que se tem denominado atualmente como "jurisdicionalização" do cumprimento de toda e qualquer medida legal judicialmente aplicada, haja vista que a responsabilidade pela execução da determinação judicial encerra o desenvolvimento de atividades e atribuições de órgãos que se encontram vinculados ao Poder Executivo.

Exemplo disto, *mutatis mutandis*, é o que se encontra disposto no art. 128 do Estatuto da Criança e do Adolescente, pois, como se sabe, a modificação, a substituição, o abreviamento ou mesmo a prorrogação de medidas socioeducativas que foram aplicadas por força de remissão, em que pese a possibilidade de revisão judicial a qualquer tempo, exigem o estabelecimento de relação jurídica processual, através da qual se assegurem a ampla defesa e o contraditório – apesar da inexistência de procedimento específico para tal desiderato[29] –, isto é, consectários pertinentes ao devido processo legal que caracteriza a redemocratização das relações de poder num Estado que se pretende constitucional (democrático[30]) e de Direito.

O teor da Súmula 338, do egrégio Superior Tribunal de Justiça, assim, poderia muito bem ter a seguinte resolução: "a extinção das medidas socioeducativas deverá ser declarada sempre que se afigure a medida mais vantajosa ao adolescente independentemente de prazo ou período de cumprimento". Pois, por medida ou proposta mais vantajosa pode muito bem ser avaliada através de laudo técnico elaborado por equipe interprofissional.

Na melhor das hipóteses, entrecruzou-se argumentativamente teorias e práticas discursivas num esforço de acoplamento conceitual dos institutos jurídico-legais da prescrição penal e das medidas socioeducativas que, na verdade, não guardam entre si qualquer possibilidade legítima e, sequer, razoável (racional), de conjugação teórica (conceito e efeito) e metodológica (requisitos e processamento) para a construção de resoluções adequadas, que, para além de solucionarem questões procedimentais, insofismavelmente, favoreçam a subjetivação do adolescente a quem se atribuiu a prática do ato infracional.

Do contrário, a estruturação e formulação dos projetos pedagógicos a serem desenvolvidos através da aplicação judicial e cumprimento das medidas legais socioeducativas, os quais, efetivamente, ofereceriam resoluções adequadas e transformativas de dados da realidade que têm sido denominados de "criminalidade infanto-juvenil" – o que, na verdade, trata-se de meros dados estatísticos infundados e divulgados pelos meios de comunicação de

---

29. Jurandir Norberto Marçura, Munir Cury e Paulo Afonso Garrido de Paula, *Estatuto da Criança e do Adolescente Anotado*, 3ª ed., p. 119. Os Autores advertem que a "medida aplicada por força de remissão não pode ser revista de ofício pelo juiz, porquanto a lei exige pedido expresso do adolescente ou de seu representante legal, ou do Ministério Público. (...) A autoridade judiciária, por força de revisão poderá: a) manter a medida aplicada ou substituí-la por outra, com exclusão da semiliberdade e da internação; e b) abreviar ou prorrogar o prazo de seu cumprimento".

30. Sérgio Urquhart de Cademartori, *Estado de Direito e Legitimidade: uma Abordagem Garantista*, 1999.

massa (mental e social), haja vista o percentual desprezível da violência urbana gerada pela atuação de crianças e de adolescentes[31] – seriam considerados completamente inócuos, inclusive, incutindo no adolescente em "conflito com a lei", valores (limites[32]) incompatíveis com o desenvolvimento responsável e respeitoso da personalidade.

Na pior das hipóteses, com a Súmula 338 do egrégio Superior Tribunal de Justiça, o que se quer impor, agora, escancaradamente, através da jurisprudência, é que a natureza jurídica de toda e qualquer medida socioeducativa – seja ela privativa de liberdade ou não – é de cunho repressivo-punitivo, vale dizer, é castigo, sim! Porém, apesar de indireta e subliminarmente declarar-se que as medidas socioeducativas têm cunho repressivo-punitivo, procurou-se sublimar a culpa de todos – a responsabilidade de quem? –, pois, agora, com a inconseqüente utilização do instituto jurídico-legal da "prescrição penal" (solução mágica!), já se tornou possível outra vez acreditar (ilusão) que o "castigo" tem fim!

Conclusões

1. O cancelamento da Súmula 338 do egrégio Superior Tribunal de Justiça, haja vista que se encontra em confronto legal (estatutário) e constitucional aos ditames e orientações da doutrina da proteção integral, enquanto direitos humanos afetos especificamente à criança e ao adolescente.

2. A Súmula 338 do egrégio Superior Tribunal de Justiça não se afigura indispensável para a resolução judicial adequada de casos concretos (legais) relativo à prática de ato infracional atribuído a adolescente, destacadamente nos processos e procedimentos judiciais que tramitam perante o Juízo de Direito da Infância e da Juventude – de forma categórica reconhecido como de 1º Grau de Jurisdição.

3. Propõe-se o encaminhamento de mensagem ao egrégio Superior Tribunal de Justiça com o intuito de que seja provocado o cancelamento da Súmula 338, senão, propondo-se a seguinte alteração: "a extinção das medidas socioeducativas deverá ser declarada sempre que se afigure a medida mais vantajosa ao adolescente independentemente de prazo ou período de cumprimento".

4. A utilização do mencionado entendimento jurisprudencial para a resolução judicial de casos concretos deve atender não só a realidade jurídica dos Sistemas de Justiça (Sistemas de Garantias dos Direitos Fundamentais afetos à infância e à juventude), por vezes, mal estruturados, mas, também – senão, principalmente –, o projeto socioeducativo, isto é, de subjetivação, proposto ao adolescente a quem se atribua autoria de ato infracional, segundo a sua condição humana peculiar de desenvolvimento (social e pessoal).

5. A condição humana peculiar de desenvolvimento da personalidade da criança e do adolescente a quem se atribua a prática de ato infracional – art. 6º do Estatuto da Criança e do Adolescente –, constitui-se em normativa hermenêutica impeditiva (regra de interpretação limitativa) de construção e utilização exegética restritiva ou mesmo supressiva de direitos fundamentais afetos à infância e à juventude conquistados histórica, cultural e democraticamente para a subjetivação diferenciada da cidadania infanto-juvenil brasileira.

---

31. Mário Luiz Ramidoff, *Preservação da Identidade da Criança e do Adolescente Infrator*, disponível em *http://bdjur.stj.gov.br/dspace/handle/2011/9699*, acesso em 10.3.2008.

32. Yves de la Taille, *Limites: Três Dimensões Educacionais*, 3ª ed., pp. 145 e ss. De acordo com o autor, os "limites não são, hoje, claramente identificáveis por ninguém. (...) Eis mais um limite ausente entre nós, aquele que nos situa no tempo, nos faz conhecer o dia de ontem e preparar o de amanhã. E esse 'eterno presente' talvez seja um dos principais fenômenos responsáveis pelo desvanecimento dos demais limites".

6. O órgão julgador competente (Juízo de Direito Monocrático ou Colegiado) deverá, sempre que for necessário, rever de maneira fundamentada – isto é, com base na reavaliação periódica, e, independentemente, de "contagem de prazo legal" para tal desiderato – a medida legal judicialmente aplicada, procurando resguardar a sua manutenção para aquelas hipóteses excepcionais e que se afiguram indispensáveis para a resolução adequada e consentânea com a construção do projeto de vida individual (pessoal) e social (familiar e comunitário), respeitoso e responsável, do adolescente "em conflito com a lei".

7. A medida legal – tanto a "específica de proteção" quanto à "socioeducativa" – judicialmente aplicada e a ser cumprida poderá ser modificada, substituída, suspensa ou extinta "a qualquer tempo", e, por vezes, havendo necessidade de sua manutenção deverá "ser reavaliada, mediante decisão fundamentada", a qualquer momento, senão, "no máximo a cada 6 (seis) meses", conforme preceitua o Estatuto da Criança e do Adolescente, tornando, assim, desnecessária a utilização do instituto jurídico-penal da "prescrição penal".

8. A tarefa que se estabelece, agora, é a construção teórica (doutrina/saber/conhecimento), legal (legislativa) e jurisprudencial (pragmática) do instituto jurídico-protetivo, legal e específico que descreva uma "prescrição socioeducativa", de caráter preponderantemente pedagógico, o qual, antes do mais, constitua-se num direito individual fundamental, então, orientado pelas diretrizes humanitárias decorrentes da doutrina da proteção integral – isto é, dos direitos humanos afetos especificamente à criança e ao adolescente – para que, assim, seja priorizado o processo de subjetivação do adolescente a quem se atribua a prática de ato infracional, em detrimento da "contagem de prazo legal" ou qualquer outro requisito legal objetivo estabelecido paralelamente ao que prescreve a dogmática jurídico-penal.

9. A "prescrição socioeducativa" deve ser adequada ao projeto socioeducativo individualmente, estabelecido para o adolescente a quem se atribui a prática de ato infracional, pois, a natureza pedagógica requer o estabelecimento de oportunidades e facilidades (art. 3º do Estatuto) de acesso aos direitos fundamentais, que, no fundo, proporcionam a subjetivação do jovem, enquanto sujeito de direito (cidadania infanto-juvenil), por isso, deve ser acompanhado periodicamente pela respectiva equipe interprofissional, a qual deverá ser estruturada orçamentária e funcionalmente nos equipamentos em que se cumpram medidas socioeducativas.

10. De igual forma, as eventuais construções legislativas de institutos jurídicos relacionados à infância e à juventude como, por exemplo, "anistia, graça ou indulto", necessariamente deverão sofrer alterações significativas – e, sobretudo, semânticas –, com o intuito de que se evite toda e qualquer possibilidade de cisões sistemáticas que proporcionem redução, limitação ou mesmo supressão de direitos e garantias fundamentais afetos à criança e ao adolescente – em especial, aqui, àqueles adolescentes submetidos ao cumprimento de medidas socioeducativas.

11. A falta de recursos materiais e pessoais que impedem o sucesso na administração dos equipamentos públicos em que se cumprem medidas socioeducativas – em especial, naquelas que se cumprem medidas em "meio fechado" (semiliberdade e internação), vale dizer, privativas de liberdade –, bem como a crise orgânica (estrutural e funcional) do Sistema de Justiça para a resolução jurídico-protetiva adequada, por certo, não podem ser corrigidas através da adoção de medidas autorizativas que, na verdade, confirmam e evidenciam os reduzidíssimos investimentos de recursos públicos e orçamentários que deveriam ser prioritariamente destinados à área da infância e da juventude.

12. O Poder Judiciário deverá estabelecer, com absoluta prioridade, na elaboração de sua proposta orçamentária, a previsão de recursos públicos para a manutenção material e pessoal de equipes interprofissionais, destinadas a assessorar a Justiça da Infância e da Juventude, senão, de forma destacada, àquelas a que se atribuiu o acompanhamento do cumprimento das medidas socioeducativas judicialmente aplicadas, nos termos do que dispõem os arts. 150 e 151, do Estatuto da Criança e do Adolescente.

13. A Constituição da República de 1988 e o Estatuto da Criança e do Adolescente se constituem nas "Leis de Regência" do já reconhecido Direito da Criança e do Adolescente, o qual, por sua autonomia disciplinar e legal, requer agora o reconhecimento teórico-pragmático que, com certeza, apenas se dará com a efetivação de suas categorias, elementos e institutos jurídico-legais através mesmo da construção de uma dogmática jurídico-protetiva (humanitária) e conseqüente (responsável) – Teoria Jurídico-Protetiva –, que utilize metodologicamente as importantes contribuições inter e transdisciplinares, por exemplo, consoante previsão do art. 151, do Estatuto da Criança e do Adolescente.

Referências

BRASIL. Constituição da República Federativa do Brasil, 5 de outubro de 1988.

BRASIL. Lei Federal n. 8.069, de 13 de julho de 1990. Estatuto da Criança e do Adolescente.

CADEMARTORI, Sérgio Urquhart de. *Estado de Direito e Legitimidade: uma Abordagem Garantista*. Porto Alegre, Livraria do Advogado, 1999.

DE LA TAILLE, Yves. *Limites: Três Dimensões Educacionais*. 3ª ed., São Paulo, Ática, 2002.

DIGIÁCOMO, Murillo José. *Breves Considerações sobre a Proposta de Lei de Diretrizes Socioeducativas*. Ministério Público do Estado do Paraná (Centro de Apoio Operacional das Promotorias de Justiça da Criança e do Adolescente). Disponível em *http://www.mp.pr.gov.br*. Acesso em 16.10.2007.

GOMES NETO, Gercino Gerson. "Porque não precisamos de uma lei de execução socioeducativa". *Revista Igualdade*, v. 7, n. 24, pp. 1-46, Curitiba, jul./set. 1999.

MARÇURA, Jurandir Norberto; CURY, Munir; e PAULA, Paulo Afonso Garrido de. *Estatuto da Criança e do Adolescente Anotado*. 3ª ed., São Paulo, Ed. RT, 2000.

MORAES, Bianca Mota de; e RAMOS, Helane Vieira. "A prática de ato infracional", in MACIEL, Kátia Regina Ferreira Lobo Andrade (coord.). *Curso de Direito da Criança e do Adolescente: Aspectos Teóricos e Práticos*. Rio de Janeiro, Lumen Juris, 2007, pp. 773-853.

PAULA, Paulo Afonso Garrido de. *Direito da Criança e do Adolescente e Tutela Jurisdicional Diferenciada*. São Paulo, Ed. RT, 2002.

RAMIDOFF, Mário Luiz. *Lições de Direito da Criança e do Adolescente: Ato Infracional e Medidas Socioeducativas*. Curitiba, Juruá, 2005.

_____. *Direito da Criança e do Adolescente: por uma Propedêutica Jurídico-Protetiva Transdisciplinar*. Tese de Doutorado em Direito. Programa de Pós-Graduação em Direito, Universidade Federal do Paraná, Curitiba, 2007.

_____. *Preservação da Identidade da Criança e do Adolescente Infrator*. Brasília, BDJur. Disponível em *http://bdjur.stj.gov.br/dspace/handle/2011/9699*. Acesso em 10.3.2008.

ROSA, Alexandre Morais. *Introdução Crítica ao Ato Infracional: Princípios e Garantias Constitucionais*. Rio de Janeiro, Lumen Juris, 2007.

SARTRE, Jean-Paul. *Questão de Método*. Trad. Bento Prado Júnior. 3ª ed., São Paulo, Difusão Européia do Livro, 1972.

VERONESE, Josiane Rose Petry. *Direito da Criança e do Adolescente*. Florianópolis, OAB/SC, 2006.

Dano Moral Causado por Programação de TV ao Público Infanto-Juvenil. Mecanismos de Tutela Judicial

Antonio Jorge Pereira Jr.

1. Introdução. 2. Dano moral como afetação da capacidade de se autodeterminar. 3. Dano moral causado à criança e ao adolescente. 4. Dano moral como afetação da liberdade de agir. 5. O abuso da mídia televisiva: o ilícito comunicativo. 6. Proposições. 7. Bibliografia.

1. Introdução

Em Tese defendida na Faculdade de Direito da Universidade de São Paulo, concluiu-se que as empresas de radiodifusão integram o sistema protetivo dos direitos da criança e do adolescente. São abundantes as normas que ratificam esse entendimento.[1] Decorrência desse postulado é o entendimento de que a TV deve colaborar ativamente na formação ética das novas gerações. O contrário disso é desconstruir a personalidade e colonizar a mente e o caráter com idéias e atitudes que limitam a realização pessoal, e ofendem a dignidade do telespectador.

A integridade moral da criança e do adolescente é objeto de proteção em variados dispositivos do Estatuto da Criança e do Adolescente.[2] Para a correta compreensão de como se processa lesão na personalidade infanto-juvenil, é preciso avançar na exposição do conceito de modo a reconhecer o dano mesmo que esteja ausente a percepção da criança, em razão de carecer de auto-imagem e de discernimento maduro para dar-se conta do dano.

Além da revisão e proposição de entendimento para a noção de dano moral, o presente artigo – que traz muito do capítulo final da Tese de Doutoramento acima indicada, preservando mesmo parte do texto original – anota medidas judiciais e argumentos concretos que podem servir para a exigência do direito do público infanto-juvenil à educação integral, lesado por programação televisiva.

2. Dano moral como afetação da capacidade de se autodeterminar

A *formação integral* é a meta da educação sob o paradigma da *proteção integral* dos direitos da criança e do adolescente. A formação é um bem imaterial. O dano causado a ela

---

1. Cf. Antonio Jorge Pereira Júnior, Tese aprovada na Faculdade de Direito da USP, em 2006, *O Direito da Criança e do Adolescente à Formação Integral em face da TV Comercial Aberta no Brasil: o Poder-Dever de Educar em face da Programação Televisiva.*
2. Dentre outros, a integridade pode ser referida aos arts. 15, 33, 53, 58, 67, 70, 71, 74, 76, 78, parágrafo único, 79, 81, 82, 92, V, 94, IV, XV e XIX, 106, 124, V e VIII, 130, 141, 142, parágrafo único, 143, 178, 229, 230, 232, 234, 237, 239, 241, 247, 250, 252 a 256 e 258.

se configura especialmente como dano moral diferenciado. Diz-se diferenciado porque não se limita à dimensão dos direitos de personalidade, mas se estende aos direitos especiais do público infanto-juvenil, que vencem com a maioridade.

Tornou-se comum reconhecer o dano moral como turbação psíquica, decorrente de ato de terceiro, geradora de prejuízo imaterial que, por sua vez, projeta mudanças nas atitudes da pessoa. O psiquismo humano é integrado por três dimensões: a intelectual, a afetiva e a volitiva. Pelo fato de a criança e o adolescente estarem em fase peculiar de desenvolvimento, o dano moral adquire feição mais grave, e pode dar-se em qualquer das três dimensões.

A integridade moral da criança e do adolescente é objeto de proteção em variados dispositivos do ECA.[3] Mas, para a correta compreensão de como se processa lesão na personalidade infanto-juvenil, é preciso avançar na exposição do conceito de modo a reconhecer o dano mesmo que esteja ausente a percepção da criança, em razão de carecer de auto-imagem e de discernimento maduro para dar-se conta do dano.

Na conceituação de Walter Moraes "dano moral é, tecnicamente, um não-dano, onde a palavra 'dano' é empregada com sentido translato ou como metáfora: um estrago ou uma lesão (este o termo jurídico genérico), na pessoa, mas não no patrimônio".[4] A expressão "dano", no entender de Walter Moraes, refere-se à lesão *material*. Por isso entende inapropriado o termo "dano moral", ora difundido. Mais adequado seria falar-se em *lesão moral* ou *lesão*.

O recurso à etimologia oferece uma pista a essa reflexão. O latim *mos*, *moris* (singular) e *mores* (plural), de forma antepositiva *mor*, corresponde ao grego *ethos*, e se refere à conduta intencional humana, mediada pela decisão livre, dirigida a um bem que aperfeiçoa aquele que o pratica, e deveria torná-lo humanamente melhor.[5] A decisão livre para agir de um determinado modo exige *instrução* adequada para que a opção seja fundada na dimensão da razão, centro máximo de autocompreensão e decisão do ser racional.

Os danos *morais* costumam ser reconhecidos, sobretudo, como interferências negativas na psique e são percebidos, mormente, por meio da dimensão emotiva. No entanto, pela íntima conexão com a psique, onde as três dimensões se unificam, o dano se reflete na dimensão dos hábitos e na dimensão intelectual. Por exemplo, uma pessoa que foi cadastrada equivocadamente como má pagadora no Serviço de Proteção ao Crédito, pode sentir-se lesada em sua auto-imagem e em sua reputação, fato que lhe gera desconforto íntimo, percebido primeiramente em sua dimensão afetiva, desencadeando efeitos no seu sistema volitivo – em sua motivação – para algumas atividades, alterando-se suas disposições para certas atitudes. Nesse exemplo, o dano moral repercute na dimensão volitiva.

Observando algumas das causas de danos morais, segundo Savatier – evento contrário à reputação, à legítima autoridade, ao pudor, à segurança e tranqüilidade, etc. –, percebe-se, na base de todas, a realização de ato injusto que provoca inibição na capacidade de agir ou julgar, ou simplesmente altera o curso dos atos da vítima, por efeito reflexo. O dano moral seria, dessa forma, o ferimento de um bem intangível que repercute na capacidade de julgar, decidir e agir. Ou seja, afetação da liberdade. Nessa perspectiva se pode avançar para a com-

---

3. Dentre outros, a integridade pode ser referida aos arts. 15, 33, 53, 58, 67, 70, 71, 74, 76, 78, parágrafo único, 79, 81, 82, 92, V, 94, IV, XV e XIX, 106, 124, V e VIII, 130, 141, 142, parágrafo único, 143, 178, 229, 230, 232, 234, 237, 239, 241, 247, 250, 252 a 256 e 258.
4. Cf. Walter Moraes, São Paulo, TJSP, 2ª C., Ap. 113.190-1, j. 28.11.1989.
5. "A palavra [moralidade] deriva do latim *mos*, que significa costume. Em grego fala-se de 'ética', *ethiké*; esta palavra deriva de *êthos* (com *e* longo), que significa mais bem 'caráter' ou 'hábito'; mas já Aristóteles a considera uma modificação de *éthos* (com *e* breve), que é costume. A significação dos costumes, dos usos sociais, aparece estreitamente ligada à noção de moral" (cf. Julián Marías, *Tratado de lo Mejor. La Moral y las Formas de la Vida*, 1ª ed., 4ª reimp., p. 13).

preensão mais profunda do dano moral infanto-juvenil, e mesmo da lesão moral causada ao adulto.

Um dano *moral* costuma ser reconhecido, primeiramente, pela alteração na dimensão emotiva da vítima. Isso se dá porque o sentimento traz ínsito um juízo de apreciação. Ele equivale a um juízo de correspondência entre uma realidade que se manifesta no exterior (objetiva) ou interior (subjetiva) de alguém e sua a sensibilidade. O sentimento de medo, por exemplo, denuncia uma situação de alerta, que repercute na capacidade de decidir, de julgar e agir. Exista ou não um perigo real, a pessoa sente como se existisse, e adota uma conduta objetiva de "cuidado". Ou seja, há uma construção racional subjacente no sentimento humano: os afetos do ser racional guardam em si uma racionalidade.

O dano moral se traduz em reações emotivas quando se processa na pessoa a correspondência entre *sua* dimensão sensitiva e *sua* situação existencial (real ou aparente), interior ou circundante. Desse modo, a percepção sensível denuncia inibição da conduta da pessoa e, logo, afeta sua liberdade de movimentos. Por exemplo, a calúnia pode ser causa de dano moral na medida em que leva uma pessoa a se retrair em razão do efeito provocado por uma maledicência. Todavia, mesmo para uma pessoa menos sensível, que *sinta menos* o impacto da calúnia, o fato gera também dano moral. Neste caso, a percepção do dano se opera especialmente pelo efeito circundante – o efeito nos demais –, que poderá ocasionar algum tipo de limitação ao raio de ação da pessoa ofendida – a pessoa será mal vista em certos ambientes e isso lhe dificultará mesmo sua exposição pública e o relacionamento com outros cidadãos. Esse efeito externo é suficiente para denotar existência de dano moral.

Por exemplo, uma pessoa que foi cadastrada equivocadamente como má pagadora no Serviço de Proteção ao Crédito, pode sentir-se lesada em sua auto-imagem e em sua reputação, fato que lhe gera desconforto íntimo, percebido primeiramente em sua dimensão afetiva, desencadeando efeitos no seu sistema volitivo – em sua motivação – para algumas atividades. Nesse exemplo, o dano moral repercute na dimensão sensitiva e por meio dela é primeiramente percebido. Mas, independentemente do grau de afetação da sensibilidade, pode-se constatar dano moral, na medida em que a pessoa sofrerá alteração de sua imagem perante terceiros que poderão consultar o SPC e formular juízo equivocado sobre sua pessoa.

3. Dano moral causado à criança e ao adolescente

A criança não tem um referencial ético completo. Sua sensibilidade ainda não faz com perfeição a correta correspondência entre *bons sentimentos* e *boas condutas*, ou seja, não associa com perfeição afetos e atitudes éticas. A finalidade da educação moral é exatamente educar para as virtudes, para que se aprenda a correta percepção dos valores. Em razão da dificuldade de discernir o plano dos prazeres (sensações) do plano da felicidade ética (imaterial), dá-se a facilidade em induzir o comportamento infantil com pequenos prazeres, por vezes oferecidos como paga de condutas reprováveis. Essa situação pode levar à cristalização de um hábito que deforma o seu caráter.[6] O agente que promove esse resultado gerou um dano *moral*.

Criança e adolescente sentem natural atração por prazeres e precisam de exemplos de conduta. Nesse contexto, a TV pode colaborar com sua formação, por meio de programas atrativos que ao mesmo tempo promovem modelos de comportamento valorativo, ou pode apresentar programação na qual predominam atitudes violentas ou sensuais, que deleitam os sentidos e ao mesmo tempo estimulam condutas inadequadas, distantes de valores que seriam

6. Muitas crianças são aliciadas mesmo sexualmente em razão dessa vulnerabilidade.

pertinentes ao melhor interesse da criança. Quando a TV projeta sensações que direcionam o comportamento para atitudes não adequadas à formação ética, ela opera um dano à dimensão afetiva – pois gerará afeição desordenada –, que passará inadvertido para a criança, em razão de ela não ter capacidade para discernir com propriedade o quanto aquilo lhe prejudica. Esse dano projetará má conduta, ou seja, um dano ético, no sentido original do termo dano *moral*.

Os estímulos negativos induzem a desejos e atitudes que podem danificar a esfera de volição e de hábitos de modo praticamente imediato, em razão da predisposição de imitação, e da inibição, que certos atos podem produzir na criança, gerando-se propriamente dano *moral*, ou seja, prejuízo aos hábitos virtuosos e ao exercício da liberdade. Assim, crianças e adolescentes se tornam reféns dos vícios, entendendo-se como tais não apenas os casos patológicos de se tornarem adictos de drogas ou bebidas, mas todos os hábitos contrários às virtudes, incluindo os maus hábitos alimentares (há epidemia de gula entre crianças que assistem mais TV), de violência e de sensualidade.[7]

4. Dano moral como afetação da liberdade de agir

A dimensão dos hábitos está intimamente relacionada ao exercício do poder de autodeterminação, também denominado simplesmente de *liberdade*. Para se conduzir segundo padrão de comportamento adequado à dignidade humana, a pessoa deve ser bem instruída e estimulada a agir bem. A criança e o adolescente estão em estágio de evolução, passível de sofrer interferências de modo mais proeminente que uma pessoa adulta. Necessitam de estímulos e informações que potencializem o melhor uso de sua liberdade. Não dispõem de maturidade suficiente para decidir por si sós como agir bem, diante de ofertas e estímulos que recebem na vida em sociedade e podem direcioná-las para condutas menos adequadas ao seu bem ser e bem-estar. Por isso, os pais exercitam em seu lugar certos atos da vida civil (representação jurídica durante infância) e, depois, lhes assistem na tarefa decisória (assistência jurídica na adolescência). A liberdade humana *em evolução* deve ser protegida. Exercita-se a liberdade, mormente, a partir do conjunto de informações das quais dispõem. Por isso, a instrução que chega mediante informação televisiva à criança vai interferir em seu modo de decidir e pode colaborar ou prejudicar seu modo de escolher.

A proteção dos direitos da criança e do adolescente exige a tutela da *liberdade em formação*, em evolução. Toda a sociedade está vinculada com essa formação, que perpassa pela integração dos estímulos afetivos, motivações e instrução que chega à pessoa menor de idade. Sem esse cuidado não se cumpriria a prioridade de atendimento sumarizada no art. 227 da Constituição Federal, dentro do título "Da Ordem Social".

Pode-se ler no Estatuto da Criança e do Adolescente, Capítulo II do Título II (Dos Direitos Fundamentais), que trata do direito à liberdade, ao respeito e à dignidade: "a criança e o adolescente têm direito *à liberdade*, ao respeito e à dignidade como *pessoas humanas em processo de desenvolvimento* e como sujeitos de direitos civis, humanos e sociais garantidos na Constituição e nas leis" (art. 15).

---

7. Há inúmeros estudos a comprovar tais efeitos na formação de crianças e adolescentes, em razão de programação e publicidade televisiva em todo o mundo ocidental. Vários deles podem ser encontrados em *sites* dedicados à matéria. Por exemplo, no *site* do Ministério da Justiça, na página do Departamento encarregado da classificação indicativa de programas de TV; no *site* da Agência de Notícias dos Direitos da Infância. Pode-se, ainda, recorrer à tese *O Direito da Criança e do Adolescente à Formação Integral em face da TV Comercial Aberta no Brasil: o Poder-Dever de Educar em face da Programação Televisiva*, cit., a ser publicada em maio-junho de 2008, pela Lex.

A lei reconhece a progressiva capacidade de decidir autonomamente da criança e do adolescente. Todavia, trata-se de capacidade de uma pessoa *em processo de desenvolvimento*, razão pela qual se lhe nega plena capacidade de agir. Se lhe confere maior aptidão para agir com autonomia no meio social à medida que se presume aprimoramento de seu discernimento no processo educativo. Ou seja, o processo decisório – com as fases de percepção, ponderação, decisão e responsabilização apropriada –, amadurece com o tempo. É preciso que nesse período a criança e o adolescente recebam formação adequada para saber usar desses poderes ao raiar da maioridade, sob risco de abusarem de tais poderes de modo deletério para si mesmos e para a sociedade onde vivem.

O art. 18 do Estatuto da Criança e do Adolescente diz ser dever de *todos* velar "pela dignidade da criança e do adolescente, pondo-os a salvo de qualquer tratamento desumano, violento, aterrorizante, vexatório ou constrangedor". Ao mesmo tempo, no dispositivo que o antecede, o art. 17, está estabelecido que toda criança tem direito ao respeito, entendendo-se como tal "a inviolabilidade *da integridade* física, psíquica e *moral* da criança e do adolescente, *abrangendo a preservação* da imagem, da identidade, da autonomia, *dos valores, idéias* e *crenças*, dos espaços e objetos *pessoais*". A TV também deve respeitar a integridade moral e preservar os valores, idéias e crenças das crianças e adolescentes, sendo fato que muitos desses valores, idéias e crenças pessoais são herdados do entorno familiar e da sociedade circundante, de modo que esse dispositivo harmoniza-se ao dispositivo do art. 221, IV, da Constituição Federal de 1988, que estabelece que a programação televisiva deve respeitar os valores sociais e éticos da pessoa e da família.

Poder-se-ia, ainda, tratar de descrever os direitos de personalidade da criança e do adolescente ao nome, à intimidade e à imagem, evoluindo-se no entendimento das peculiaridades que se projetam nesses bens em face da criança. Todavia, esse tema não será aqui desenvolvido, pois comporta volume de estudo que ultrapassa os limites desse artigo.

Para se retomar de modo sintético à interferência nas três dimensões formativas, construiu-se um quadro esquemático, onde se podem identificar os objetos de atração de cada uma delas.

Âmbitos de formação	Inteligência	Vontade	Afetividade
Ciência filosófica correspondente	Gnoseologia	Ética	Estética
Objetos de atração	Verdade	Bondade (Valores)	Beleza
Atos próprios (exemplos)	Conhecer, pensar, ponderar	Querer, decidir, deliberar, amar	Sentir, apreciar, deleitar-se
Posturas reducionistas	Racionalismo	Voluntarismo	Sentimentalismo
Tipos de educação diretamente implicados	Educação formal (escolar)	Educação ética	Educação artística
Efeitos da carência de formação	Prejuízo da capacidade de compreender o mundo e a si mesmo	Prejuízo no exercício da liberdade e do amor: querer fraco, não dirigido a valores	Hipertrofia da busca de prazer. Sobrevalorização do ter sobre o ser. Consumismo
Associação próxima com finalidades da TV	Informar	Educar	Entreter
Resultado da Formação Integral	Aquisição de informações relevantes para compreender-se e compreender o mundo	Desenvolvimento de virtudes e do exercício pleno da liberdade	Educação dos afetos e subordinação deles à dimensão ética

A lesão moral à criança ou adolescente seria o resultado nocivo à sua personalidade decorrente da operação de fixação de idéias e valores que prejudiquem sua formação integral, em situação em que lhe seja difícil resistir às mensagens do emissor, dadas sua inexperiência, vulnerabilidade e sugestionabilidade. Quando a programação televisiva, de elevado poder persuasivo em face do público infanto-juvenil, promove a inclinação para comportamentos contrários ao bem-estar pessoal (vícios) e social (atitudes anti-sociais), ela causa lesão moral à criança e ao adolescente.

5. O abuso da mídia televisiva: o ilícito comunicativo

Em razão da situação do telespectador infanto-juvenil, a Constituição Federal determinou que a União classificasse os conteúdos da mídia eletrônica e os espetáculos, e estabelecesse horários adequados para seu oferecimento. A classificação de filmes e programas é indicativa para os cidadãos e consumidores, no âmbito privado, e a veiculação dessa informação é impositiva para os fornecedores desses serviços.

O Estatuto da Criança e do Adolescente, em atenção especial ao público infanto-juvenil foi taxativo no cumprimento do mandamento constitucional e carreou maior responsabilidade ao agente televisivo. Assim o art. 76 determina que "as emissoras de rádio e televisão *somente* exibirão, no horário recomendado para o público infanto-juvenil, programas com finalidades educativas, artísticas, culturais e informativas", reforçando em seu parágrafo único que "*nenhum* espetáculo *será* apresentado ou *anunciado sem aviso de sua classificação, antes de sua transmissão, apresentação ou exibição*". Note-se a expressão *somente*, grifada aqui.

No art. 254, que reforça esse dever, considera-se infração administrativa "transmitir, através de rádio ou televisão, espetáculo em horário diverso do autorizado ou sem aviso de sua classificação", estabelecendo como pena "multa de vinte a cem salários de referência; duplicada em caso de reincidência a autoridade judiciária poderá determinar a suspensão da programação da emissora por até dois dias". Como se vê, não há espaço para os fornecedores de serviço de radiodifusão exercerem sua atividade em descompasso com os interesses da criança e do adolescente, público majoritário que lhe concede audiência.

O paradigma da proteção integral da criança e do adolescente, associado ao princípio de atendimento prioritário aos seus direitos (art. 227 da Constituição Federal de 1988), criou contexto onde se exige respeito qualificado de todos aqueles cuja atividade possa afetar seus direitos. A *proteção integral* cambiou a moldura tradicional dos abusos da mídia televisiva, assim como de todos aqueles cuja atividade gera riscos ao universo de direitos dos menores de idade. Será configurado como abusivo o exercício de atividade que não observe finalidades e limites com vistas a proteger interesses do público infanto-juvenil.

Também é de grande importância o disposto no art. 3º do Decreto n. 52.795, de 31 de outubro de 1963, que determina que "os serviços de radiodifusão *têm finalidade educativa e cultural, mesmo em seus aspectos informativo e recreativo*, e são considerados de interesse nacional, *sendo permitida, apenas, a exploração comercial dos mesmos, na medida em que não prejudique esse interesse e aquela finalidade*".[8] Ou seja, a finalidade educativa cinge *todos* os serviços prestados pela mídia televisiva. *Interesse nacional* e *finalidade educativa* são condicionantes do serviço televisivo. Não ofertar serviço com esse caráter é desbordar dos limites exigidos por lei e, logo, abusar, o que pode significar, como se verá na seqüência, agir ilicitamente.

Essa situação impende também sobre aquele que oferta programas em horário voltado ao público infanto-juvenil, a quem se confia a finalidade de colaborar com a formação de

---

8. Grifos nossos.

criança e adolescente sem induzi-las ao consumo de bens, produtos e valores morais desconformes à sua necessidade pedagógica. Entrar no ar em horário dedicado à programação infanto-juvenil é assumir um risco, e há dever reforçado de buscar o melhor interesse da criança em razão de a radiodifusão ser serviço público e de haver graves exigências constitucionais e infraconstitucionais em garantia da prioridade absoluta de atenção a esse público. Assim, o que é exibido na TV, em horário voltado ao público infanto-juvenil, e lhe prejudica a formação moral, pode ser caracterizado como ilícito comunicativo.

Além do flagrante desrespeito aos arts. 76 e 254 do Estatuto da Criança e do Adolescente há outros modos de desobedecer aos dispositivos legais. Os deveres jurídicos podem ser descumpridos por omissão ou comissão. A omissão importa inação, a permanência em um *status quo* que antecede a realização de prestação devida. Somente há omissão quando existe dever de agir conforme determinado comportamento juridicamente exigível. A comissão se dá pela atuação intrusiva e deletéria, lesiva, na esfera jurídica de outrem. Pode dar-se por palavras ou atos. É suficiente a violação do dever geral de abstenção para se configurar ilicitude.[9]

"Deveres morais malferidos também podem implicar conduta civil ilícita, porque o menosprezo a regras morais e aos hábitos saudáveis e por isso incorporados pela sociedade (bons costumes), além do procedimento contrário à lei e da ofensa de um dever nela não contido (dever geral), infunde comportamentos que, vez por outra, merecem reprovação jurídica".[10]

Quando do ilícito resulta dano, material ou imaterial, adentra-se no âmbito da responsabilidade civil, que disciplina a situação gerada por atos contrários a direito que causem danos, com ou sem culpa, fora da esfera penal.

Conforme demonstrado em Tese de Doutorado aprovada na Faculdade de Direito da Universidade de São Paulo, em 2006,[11] os operadores de mídia televisiva têm deveres graves em face da criança e do adolescente, a ponto de se concluir que a TV, por força de lei, está integrada ao sistema protetivo dos direitos da criança e do adolescente, tendo por escopo a formação integral. Importa chamar a atenção ao momento de constituição do ilícito de modo a apresentar, em outro artigo, as vias judiciais para exigir retificação. Caso se reconheça a produção de dano, material ou imaterial, pode-se socorrer da disciplina da responsabilidade civil. Caso haja contrariedade a direitos, gerando-se risco de dano, mas ainda sendo difícil reconhecer algum dano, material ou imaterial, pode-se recorrer à tutela inibitória, prevista no CPC, art. 461, em pedido autônomo, para impedir o desenlace lesivo.

Na mídia televisiva predomina a responsabilidade objetiva, pelas características: serviço público, concessão pública, potencialidade destrutiva da comunicação social de massa. O operador de mídia tem deveres agravados também pela potencialidade de lesar a formação da criança e do adolescente. A Constituição Federal quis carregar essa responsabilidade, cingindo o exercício dessa atividade a normas cogentes acerca dos conteúdos transmitidos.

Na perspectiva do Direito Civil, o Código de 2002 permite compreender que se dá ato ilícito além das situações tradicionais de verificação de lesão material ou moral concreta (art. 186 do Código Civil de 2002, doravante CC). Também quando o titular de um direito, no exercício do mesmo, desborda "manifestamente os limites impostos pelo seu fim econômico ou social, pela boa-fé ou pelos bons costumes" (art. 187 do CC) configura-se o ilícito. Não

---

9. Cf. Gilberto Haddad Jabur, *Efeitos Jurídicos da Ameaça ou Lesão a Direitos Personalíssimos por Fato de Comunicação Social*, Tese de Doutorado, PUC/SP, 2005, p. 378.
10. Idem, pp. 381-382.
11. Cf. Antonio Jorge Pereira Jr., *O Direito da Criança e do Adolescente à Formação Integral em face da TV Comercial Aberta no Brasil: o Poder-Dever de Educar em face da Programação Televisiva*, cit.

seria necessário, neste último caso, verificar-se lesão material ou culpa, sendo suficiente a assunção do risco de lesão, do perigo abstrato. Sobre esse fundamento legal se pode construir a figura do *ilícito comunicativo*, que afetaria a confiança, e que poderia ser perpetrado por um meio de comunicação social, em razão do desvio de finalidade.[12]

O abuso dos meios de comunicação pode dar-se por quaisquer dos motivos descritos no art. 187: desrespeito a seu fim econômico ou social (o fim social é reforçado em razão de a radiodifusão ser uma concessão pública com finalidades indicadas pela Constituição Federal de 1988), pela ofensa à boa-fé (todo o âmbito dos deveres laterais de conduta) ou pela conduta prejudicial aos bons costumes (conceito legal indeterminado cujo conteúdo será definido a partir da expectativa social). Nesses casos, como se deduz da lei, não há necessidade de comprovação de lesão material, imaterial ou culpa. Ultrapassar a finalidade dos poderes jurídicos outorgados, desrespeitar os deveres laterais de conduta e infringir os bons hábitos de convivência configuram atos ilícitos. Está-se no limiar entre ética e direito, na intersecção das duas ciências do comportamento humano. O ilícito, ausente o dano, não gera responsabilidade, mas gera dever de interromper o ato.

O reconhecimento expresso da ilicitude pelo abuso demonstra evolução do direito posto nacional, que incorporou o amadurecimento doutrinário levado a termo especialmente entre civilistas franceses e alemães, que inspiraram parte da doutrina pátria.[13] De certa forma, poder-se-ia dizer que a infração dos limites dos poderes concedidos, em si, é uma espécie de *lesão à ordem social*. A lei não concedeu legitimidade – autorização de movimentação de determinada posição jurídica – para o abuso, senão para o adequado uso do direito, inserido em seu contexto social e jurídico. As exceções à imputação de responsabilidade pelo abuso estão enunciadas no art. 188 do Código Civil de 2002.

A configuração normativa do abuso como ato ilícito, sem necessidade de verificar-se a intencionalidade do agente, facilita o recurso ao Judiciário. O abuso favorece a identificação da responsabilidade e pode se dar em quaisquer dos serviços específicos prestados pela mídia televisiva: notícias, entretenimento, atividade de caráter eminentemente educativo. O simples rumor sobre intimidade alheia, por exemplo, pode configurar abuso e gerar lesão moral.

"A publicação de aspecto privado de pessoas comuns – com ou sem desejo lucrativo, com ou sem espírito emulativo, porque é bastante a ocorrência da publicação –, excede, *ipso facto*, e manifestamente, dada a ausência de qualquer elemento justificador, o direito de informar decorrente da liberdade jornalística constitucional (arts. 5º, IV, e 220) e infraconstitucional (LI, art. 1º). A utilidade do direito que acode ao comunicador social posta-se debaixo da informação revestida de serventia também (e justamente) *social*."[14]

Outro bem imaterial que pode ser lesado com o abuso é a *confiança*. Na relação que se estabelece entre empresas de televisão e telespectadores, há dever de lealdade da emissora de TV, e essa lealdade comporta o cumprimento das exigências legais acerca dos conteúdos. Em princípio, espera-se que o serviço prestado pela televisão esteja de acordo com a normatividade. Há expectativa social de que assim se dê e de que os operadores de mídia assim ajam. É preciso que as empresas respeitem essa confiança do público. Todavia, a *confiança* da população na comunicação transmitida pode ser traída pelo desvio de finalidade, pela desobe-

---

12. Cf. Guilherme Fernandes Neto, *Direito da Comunicação Social*, pp. 208-209.

13. Cf. Gilberto Haddad Jabur, *Efeitos Jurídicos da Ameaça ou Lesão a Direitos Personalíssimos por Fato de Comunicação Social*, cit., pp. 378-383.

14. Idem, p. 407. Gilberto Haddad Jabur continua exemplificando, na mesma página: "Não há razão nem interesse socialmente apreciável, senão individual e fundado em contraprestação qualquer (pecuniária ou não), na divulgação do local, data, duração e detalhamento das requintadas férias do ganhador de um prêmio lotérico ou de funcionária que fora flagrada com pessoa pública ou notória casada". São situações nas quais há abuso porque se rompe a legitimidade dada pela finalidade social e jurídica do direito de informar.

diência aos deveres laterais da boa-fé e por atropelo dos bons costumes. Nesses casos, há abuso de direito. A compreensão da ilicitude gerada por atropelo dos bons costumes, nessa matéria, é de mais fácil percepção a partir da classificação do *dever de confiança* como *obrigação de garantia*.

Fernandes Neto, com apoio em parecer de Fábio Konder Comparato, classifica o dever de confiança dos meios de comunicação social e de demais atores do sistema de comunicação como *obrigação de garantia*.[15] Tal conceito descreveria melhor a situação desse dever, do que a tradicional dicotomia *obrigação de meio/obrigação de resultado*. Na obrigação de garantia, há eliminação de um risco que pesa sobre o credor: mesmo nas hipóteses de caso fortuito ou força maior o devedor assumirá a responsabilidade.

Os direitos da criança e do adolescente à formação integral são lesados continuamente por programas de TV. Como a Constituição Federal de 1988 e o Estatuto da Criança e do Adolescente atribuíram a todos os entes sociais o dever de dar atenção prioritária aos direitos infanto-juvenis, de todos pode-se cobrar responsabilidade. É mais difícil configurar lesão por comissão do que por omissão, o que se verifica quando a programação televisiva atropela dispositivos legais de proteção dos direitos da criança e do adolescente. Aqueles que colaboraram nesse resultado assumem também responsabilidade.[16]

Conforme o art. 942 do Código Civil de 2002, "os bens do responsável pela ofensa ou violação do direito de outrem ficam sujeitos à reparação do dano causado; e, se a ofensa tiver mais de um autor, todos responderão solidariamente pela reparação". A reparação não se limita a pagar um preço pelo ilícito no caso de atividade *em continuidade*. Inclui-se na reparação a interrupção da atividade lesiva.

6. Proposições

1. A *formação integral* é a meta da educação sob o paradigma da *proteção integral* dos direitos da criança e do adolescente.

2. O dano causado à formação – bem imaterial – se configura especialmente como dano moral diferenciado, porque não se limita à dimensão dos direitos de personalidade, mas se estende aos direitos especiais do público infanto-juvenil, que vencem com a maioridade.

3. A integridade moral da criança e do adolescente é objeto de proteção em variados dispositivos do ECA e o dano moral infanto-juvenil diz com a afetação da integridade da formação, bem intangível, cujo ferimento repercute na capacidade de julgar, decidir e agir. Ou seja, afetação da liberdade.

4. A criança e o adolescente, enquanto carecem da percepção dos efeitos do dano – em razão de falta de amadurecimento –, tendem a *sentir* menos o efeito do dano. Por isso a compreensão do dano moral infanto-juvenil se diferencia e deve ter por parâmetro a afetação dos hábitos que lhe orientariam para seu crescimento pleno.

---

15. Cf. Guilherme Fernandes Neto, *Direito da Comunicação Social*, pp. 213-214.
16. No Código de Defesa do Consumidor, poderia servir de fundamento legal para a solidariedade os arts. 7º, parágrafo único, e 25, § 1º. Quanto às propagandas ou mensagens subliminares, há presunção *iuris tantum* de que o veículo que divulga desconhece tais recursos, pelo que ele não responde, salvo contraprova. Também com relação à publicidade abusiva ou enganosa de produtos de consumo a empresa difusora não responde, em princípio, pois ela serviu apenas de difusor, não sendo fornecedora do produto. Já no caso de programas que ela fornece, a situação é diferente.

5. Quando a TV provoca sensações que direcionam o comportamento infanto-juvenil para atitudes não adequadas à formação ética, ela opera um dano à dimensão afetiva – pois gerará afeição desordenada –, evento que se dá de modo inconsciente para a criança, em razão de ela não ter capacidade para discernir com propriedade quanto lhe pode prejudicar a conduta a que é estimulada. Esse dano projetará má conduta ou mau hábito, ou seja, um dano ético, no sentido original do termo dano *moral*.

6. A proteção dos direitos da criança e do adolescente implica a tutela da *liberdade em formação*, em evolução, que exige a integração dos estímulos afetivos, motivações e instrução corretas.

7. A lei reconhece que falta à criança capacidade de ponderar e de decidir autonomamente, e que essa capacidade se desenvolve mediante a educação, durante a qual se presume o amadurecimento de sua capacidade de refletir e deliberar, com as fases de percepção, ponderação, decisão e responsabilização. É preciso que nesse período a criança e o adolescente recebam formação adequada para saber usar dos poderes que receberão ao raiar da maioridade, sob risco de usarem de tais poderes de modo deletério.

8. Compreende-se lesão moral à criança ou adolescente como o resultado nocivo à sua personalidade decorrente da operação de fixação de idéias e valores que prejudiquem sua formação integral, em situação em que lhe seja difícil resistir às mensagens do emissor, dadas sua inexperiência, vulnerabilidade e sugestionabilidade.

9. Quando a programação televisiva, de elevado poder persuasivo em face do público infanto-juvenil, promove a inclinação para comportamentos contrários ao bem pessoal (vícios) e social (atitudes anti-sociais), ela causa lesão moral à criança e ao adolescente.

10. A finalidade educativa cinge *todos* os serviços prestados pela mídia televisa. *Interesse nacional* e *finalidade educativa* são condicionantes do serviço televisivo (cf. art. 3º do Decreto n. 52.795, de 31 de outubro de 1963). Não ofertar serviço com esse caráter é desbordar dos limites exigidos por lei e, logo, abusar, o que pode significar agir ilicitamente.

11. É suficiente a violação do dever geral de abstenção de atitudes prejudiciais à formação ética para se configurar ilicitude.

12. Em matéria de mídia televisiva vige a responsabilidade objetiva, pelas características da atividade: serviço público, concessão pública, potencialidade destrutiva da comunicação social de massa. O operador de mídia tem deveres agravados pela potencialidade de lesar a formação da criança e do adolescente.

13. Na perspectiva do Código Civil de 2002 configura-se ato ilícito, além das situações tradicionais de verificação de lesão material ou moral concreta (art. 186 do Código Civil de 2002), quando o titular de um direito, no exercício do mesmo, desborda "manifestamente os limites impostos pelo seu fim econômico ou social, pela boa-fé ou pelos bons costumes" (art. 187 do CC), sem necessidade de verificar-se lesão material ou culpa, sendo suficiente a assunção do risco de lesão, do perigo abstrato. Sobre esse fundamento legal se pode construir a figura do *ilícito comunicativo*, que afetaria a confiança, e que poderia ser perpetrado por um meio de comunicação social, em razão do desvio de finalidade.

14. Ultrapassar a finalidade dos poderes jurídicos outorgados, desrespeitar os deveres laterais de conduta e infringir os bons hábitos de convivência configuram atos ilícitos. O ilícito, ausente o dano, gera dever de interromper o ato.

15. A *confiança* é um bem imaterial que pode ser lesado com o abuso, na relação que se estabelece entre empresas de televisão e telespectadores. Há dever de lealdade da emissora de TV, e essa lealdade comporta o cumprimento das exigências legais acerca dos conteúdos.

7. Bibliografia

FERNANDES NETO, Guilherme. *Direito da Comunicação Social*. São Paulo, Ed. RT, 2004.

JABUR, Gilberto Haddad. *Efeitos Jurídicos da Ameaça ou Lesão a Direitos Personalíssimos por Fato de Comunicação Social*. Tese de Doutorado, Pontifícia Universidade Católica de São Paulo, 2005.

MARÍAS, Julián. *Tratado de lo Mejor. La Moral y las Formas de la Vida*. 1ª ed., 4ª reimp., Madri, Alianza Editorial, 1996.

MORAES, Walter. Tribunal de Justiça do Estado de São Paulo, 2ª C., Ap. 113.190-1, j. 28.11.1989.

PEREIRA JÚNIOR, Antonio Jorge. *O Direito da Criança e do Adolescente à Formação Integral em face da TV Comercial Aberta no Brasil: o Poder–Dever de Educar em face da Programação Televisiva*. Tese de Doutoramento, Faculdade de Direito da USP, 2006.

SAVATIER, René. *Traité de la Responsabilité Civile*. v. 2, 2ª ed., Paris, LGDJ, 1951.

Educação Inclusiva como o Verdadeiro Direito Fundamental

MARIA IZABEL DO AMARAL SAMPAIO CASTRO

1. Justificativa. 2. Por que incluir a pessoa com deficiência no ensino regular? 3. Conclusões.

1. Justificativa

A Constituição Federal previu dentre os direitos fundamentais, o direito à educação (art. 6º, *caput*), estabelecendo em seu art. 205, serem seus objetivos o "pleno desenvolvimento da pessoa, seu preparo para o exercício da cidadania e sua qualificação para o trabalho" (art. 205 da Constituição Federal).

Ao mesmo tempo, a Constituição Federal estabeleceu como fundamentos da República Federativa do Brasil, a cidadania e a dignidade da pessoa humana (art. 1º, incisos II e III), e como objetivos, a construção de uma sociedade livre, justa e solidária, a garantia do desenvolvimento nacional, a erradicação da pobreza e da marginalização, com a redução das desigualdades sociais e regionais e, por fim, a promoção do bem de todos, sem preconceitos de origem, raça, sexo, cor, idade e quaisquer outras formas de discriminação (art. 3º).

Analisando esses dispositivos constitucionais, verificamos que os fundamentos e objetivos da República Federativa do Brasil somente serão alcançados por meio da garantia do direito fundamental à educação, e educação inclusiva, pois, por meio dela, a pessoa humana exercerá a cidadania, atingirá seu pleno desenvolvimento e será qualificada para o trabalho, dedicando-se, futuramente, à pesquisa ou ao exercício da profissão escolhida, e com os rendimentos e conhecimentos que isso lhe trará, propiciará a si próprio uma vida digna e à sociedade, a erradicação da pobreza e da marginalização, contribuindo para a redução das desigualdades sociais e regionais. A sociedade, então, será livre, justa e solidária e o Estado, por certo, alcançará o desenvolvimento nacional.

Todavia, não podemos nos esquecer que a sociedade brasileira é feita por pessoas humanas e, dentre estas, a diversidade é enorme. Há pessoas de diferentes etnias, cores, sexo, origem, ideologia, religião, dentre outras diferenças, das quais fazem parte as pessoas com e sem deficiência.

Da sociedade brasileira não pode ficar de fora ninguém, até porque a Constituição Federal também baniu a discriminação ou preconceito (art. 3º, IV), prevendo, inclusive, que todos são iguais perante a lei (art. 5º, *caput*) e que a pessoa com deficiência deve ser integrada à vida comunitária (art. 203, IV).

Se a educação é direito de todos, nesse "todos" está *incluída* a pessoa com deficiência; se é dever do Estado, deve este promovê-la de modo que *todos* tenham acesso à educação (educação inclusiva); se a escola é o "espaço no qual se deve favorecer a todos os cidadãos, o acesso ao conhecimento e o desenvolvimento de competências, ou seja, a possibilidade de apreensão do conhecimento histórico produzido pela humanidade e de sua utilização no exercício efetivo da cidadania",[1] deve essa escola estar adaptada e equipada com recursos arquitetônicos, humanos e pedagógicos para receber *todas* as pessoas que compõem a diversidade dessa sociedade.

Diante desse contexto, coloco a seguinte indagação: o que quis dizer o legislador constituinte com a regra estampada no art. 208, III, da Constituição Federal, cujo teor é o seguinte: "o dever do Estado com a educação será efetivado mediante a garantia de: (...) III – atendimento educacional especializado aos portadores de deficiência, preferencialmente na rede regular de ensino"?

Quis o legislador constituinte atribuir às pessoas com deficiência tratamento diferenciado quanto ao direito à educação, colocando-as, preferencialmente na rede regular de ensino *se isso for possível e não o sendo*, que permaneçam nas escolas especiais, "melhores equipadas e adaptadas" para recebê-las? A quem cabe essa escolha? Essas escolas especiais estão atualmente dando educação de qualidade às pessoas com deficiência? E se a Constituição Federal fala que todos têm, em igualdade de condições, direito à educação, por que grande parte das pessoas com deficiência continua fora da escola regular?

Qual o papel do Ministério Público, diante das atribuições constitucionais previstas no art. 127, da CF, quanto à garantia do direito fundamental à educação da pessoa com deficiência?

Esse trabalho, então, terá como desafio fazer uma interpretação sistemática da Constituição Federal, para tentar dar respostas a essas indagações, não tendo como objetivo ser verdade absoluta quanto ao tema em discussão, mas, sim, meio de instigar o debate a respeito desse assunto tão delicado e trabalhoso que é a concretização do direito fundamental à educação da pessoa com deficiência.

2. Por que incluir a pessoa com deficiência no ensino regular?

Passemos à análise do que diz a nossa Carta Magna a respeito:

A cidadania e a dignidade da pessoa humana são fundamentos da República Federativa do Brasil (art. 1º, incisos II e III, da CF).

José Afonso da Silva diz que "todo ser humano se reproduz no outro como seu correspondente e reflexo de espiritualidade, razão por que, desconsiderar uma pessoa significa, em última análise, desconsiderar a si próprio".[2]

Diz ele, ainda, que a "dignidade da pessoa humana é um valor supremo que atrai o conteúdo de todos os direitos fundamentais do homem, desde o direito à vida".[3]

Só ao Homem, considerando-se a diversidade do gênero humano, é possível atingir a dignidade, mas, para isso, é indispensável que seus direitos fundamentais, concedidos pela Carta Constitucional, sejam-lhe, necessariamente, assegurados e respeitados pelos seus pares.

Já a cidadania, tal qual como posta no inciso II, do art. 1º, da Constituição Federal, está "num sentido mais amplo do que o titular de direitos políticos (...) consiste na consciência de pertinência à sociedade estatal como titular dos direitos fundamentais, da dignidade como pessoa humana, da integração participativa no processo do poder, com a igual consciência de que essa situação subjetiva envolve também deveres de respeito à dignidade do outro, de

---

1. "A Escola", *Programa Educação Inclusiva – Direito à Diversidade*, vol. 3, MEC/Secretaria de Educação Especial, 2004, p. 7.
2. *Comentário Contextual à Constituição*, 2ª ed., São Paulo, Malheiros Editores, 2006, p. 37.
3. Ob. cit., p. 38.

contribuir para o aperfeiçoamento de todos. Essa cidadania é que requer providências estatais no sentido da satisfação de todos os direitos fundamentais e igualdade de condições".[4]

Interessante a idéia da cidadania ligada ao pertencimento do ser humano à sociedade, o que, para acontecer, é necessário que a *todos*, em igualdade de condições, sejam reconhecidos os direitos fundamentais previstos na Constituição Federal. Quando a pessoa humana tem seus direitos fundamentais concretizados por quem de direito, ela, com certeza, sente-se parte da sociedade, sente-se incluída, e, conseqüentemente, sente-se cidadã.

A sociedade brasileira, podemos assim dizer, é uma só, porém formada pela pluralidade de pessoas, com suas características próprias e peculiares, as quais, apesar de diferenciarem-se entre si, devem ser tratadas igualmente, já que a lei não faz diferença entre elas. Se dessa pluralidade de pessoas faz parte também a pessoa com deficiência, para ela sentir-se cidadã, ou seja, para ela sentir-se pertencente à sociedade da qual faz parte, os direitos fundamentais que são de todos, a ela também devem ser estendidos e garantidos, sob pena de lhe serem tirados os direitos de cidadania e dignidade.

Dentre os direitos fundamentais está o direito à educação, que, como dito, é dever da família e do Estado e direito de todos.

Se a educação tem por uma das finalidades o preparo para o exercício da cidadania, se para ser cidadão eu preciso pertencer à sociedade em que vivo, sendo nela e por ela incluído, se essa sociedade é formada pela diversidade humana, dela não podem fazer parte somente as pessoas *sem* deficiência, já que as *com* deficiência também são *pessoas*, titulares dos direitos à dignidade e à igualdade. Por via de conseqüência, deve o Estado, a sociedade e a família respeitarem os direitos fundamentais conferidos a todos, dentre os quais o direito à educação.

"A educação abrange os processos formativos que se desenvolvem na vida familiar, na convivência humana, no trabalho, nas instituições de ensino e pesquisa, nos movimentos sociais e organizações da sociedade civil e nas manifestações culturais" (art. 1º Lei das Diretrizes e Bases da Educação Nacional – LDB).

Essa educação escolar se desenvolve, predominantemente, por meio do ensino, em instituições próprias (art. 1º, § 1º, da LDB) e o ensino, segundo o art. 206, I, da Constituição Federal, deve ser ministrado em igualdade de condições para o acesso e permanência na escola.

Assim, notamos que a educação é processo de formação da pessoa, que começa na família, mas continua no convívio social, na escola, no trabalho e no lazer. Ela vai, portanto, além dos portões da escola, aqui considerada o espaço físico em cujo interior acontece a transmissão do conhecimento e o desenvolvimento das competências de cada educando.

A educação se desenvolve, também, no convívio social e humano e se a sociedade é formada pela diversidade humana, às pessoas com e sem deficiência deve ser garantida a convivência social na diversidade.

Afinal, a integração da pessoa com deficiência na vida comunitária é também preceito constitucional (art. 203, IV) e se a escola é também espaço de convivência social, além de transmissão de conhecimento, deve incluir todos, inclusive as pessoas com deficiência.

Ademais, o art. 21, da Lei de Diretrizes e Bases da Educação Nacional (Lei n. 9.394/1996), que está inserido no Título V, mais precisamente dentro do Capítulo I, que trata da composição dos níveis escolares, dispõe que a educação escolar é composta pela educação básica e superior, sendo naquela compreendida a educação infantil, a fundamental e a média.

Encontramos aí, mais um fundamento para a inclusão da pessoa com deficiência na escola regular.

---

4. Cf. José Afonso da Silva, ob. cit., p. 36.

A educação especial, que é aquela direcionada aos educandos com necessidades especiais, dentre os quais se encontram algumas pessoas com deficiência física, mental, sensorial ou múltipla, foi tratada no Capítulo V, da LDB, mais precisamente do art. 58 ao art. 60. Está fora, portanto, do art. 21. Logo, não foi considerada nível escolar.

Aliás, a própria Constituição Federal, no art. 208, III, fala em *atendimento* educacional especializado às pessoas com deficiência e não em educação especial.

"Atendimento" nada mais é do que o ato ou efeito de atender,[5] que, por sua vez, significa "dar atenção a, responder a, receber, dar solução a, resolver, prestar socorro, acudir".[6] Assim, se a pessoa com deficiência tem direito a atendimento educacional especializado, o Estado deverá garantir-lhe todos os recursos arquitetônicos, tecnológicos, pedagógicos e humanos que forem necessários ao seu aprendizado, nos dois níveis de educação escolar, ou seja, na básica e a na superior, sob pena dos objetivos da educação traçados no art. 205, da CF, não serem alcançados pela pessoa com deficiência.

Fica claro, então, que a Constituição Federal não instituiu uma educação especial para o educando com deficiência, ela somente conferiu-lhe o *atendimento* educacional especializado, ou seja, a garantia de ter, em todos os níveis de ensino (infantil, fundamental, médio e superior), os recursos educativos de que necessitar para conseguir aprender e se desenvolver como pessoa humana, que tem direito à educação de qualidade (art. 206, VII, da CF).

Errou, então, a LDB ao referir-se no Capítulo V à educação especial. A meu ver, o melhor teria sido que o título desse Capítulo V fosse "Do Atendimento Educacional Especializado", harmonizando-se com o texto constitucional. A leitura dos arts. 58 a 60, da LDB, leva-nos a concluir que eles se referem ao atendimento especializado na educação escolar da pessoa com deficiência, pois fala em currículos, métodos, técnicas, recursos educativos, terminalidade específica para aqueles que não puderem atingir o nível exigido para a conclusão do ensino fundamental, em virtude de suas deficiências; aceleração para concluir em menor tempo o programa escolar para os superdotados; professores com especialização adequada em nível médio ou superior, para atendimento especializado, bem como professores do ensino regular capacitados para a integração desses educandos nas classes comuns; educação especial para o trabalho, visando a sua efetiva integração na vida em sociedade, inclusive condições adequadas para os que não revelarem capacidade de inserção no trabalho competitivo, mediante articulação com os órgãos oficiais afins, bem como para aqueles que apresentam uma habilidade superior nas áreas artística, intelectual ou psicomotor e acesso igualitário aos benefícios dos programas sociais suplementares disponíveis para o respectivo nível do ensino regular (art. 59). Ou seja, os recursos necessários para que a pessoa com deficiência, na escola regular, possa receber a educação de qualidade juntamente com as demais pessoas sem deficiência.

Esse atendimento especializado deve ser dado, *preferencialmente*, na escola regular e o verbo preferir, conforme anotou Rosita Edler Carvalho, "em nossa língua, significa dar primazia a, determinar-se por, escolher, achar melhor isto em vez daquilo, gostar mais de, etc. Em qualquer dessas conceituações, subentende-se que há uma escolha. Parece fora de dúvidas que, no caso específico da educação especial, essa escolha seria entre o atendimento educacional segregado e o integrado na escola do ensino regular. Com essa conotação, 'preferencialmente' é um advérbio afirmativo que evidencia a escolha ou a prioridade conferidas às escolas de ensino regular em vez das escolas especiais. Esta proposição corrobora o enten-

---

5. Cf. Aurélio Buarque de Holanda Ferreira, *Novo Dicionário Aurélio da Língua Portuguesa*, 2ª ed., Nova Fronteira, p. 192.
6. *Mini Dicionário Houaiss da Língua Portuguesa*, 2ª ed., Objetiva, 2004, p. 72.

dimento que se tem acerca da escola para todos, sem discriminações ou segregação de alunos, por suas características".[7]

Como o termo "preferencialmente", tal qual disposto no art. 208, III, da CF, induz a uma escolha (receber o *atendimento* especializado – e não a educação – na escola regular ou na especial), indaga-se a quem é direcionada essa escolha. Tenho para mim, que o é ao próprio educando com deficiência, pois o direito subjetivo à educação é dele e não do *Estado*, que, conforme mandamento constitucional, tem o *dever* de fornecer-lhe educação de qualidade (arts. 205 e 206, VII, da CF). Para tanto, *deve* o Estado adequar o ensino e o local onde ele é ministrado, a fim de que estejam preparados para receber o aluno com e sem deficiência, fornecendo àquele todos os recursos educativos de que necessitar para apreender todo conhecimento que for passado aos demais alunos com os quais estará convivendo socialmente na escola.

Assim, sustentamos que o atendimento educacional especializado em nada diz respeito à educação especial. A Constituição Federal não previu educação especial para as pessoas com deficiência, mas educação para todos com *atendimento* educacional *especializado* para aquelas.

"Educando todos os alunos juntos, as pessoas com deficiências têm oportunidade de preparar-se para a vida na comunidade, os professores melhoram suas habilidades profissionais e a sociedade toma a decisão consciente de funcionar de acordo com o valor social da igualdade para todas as pessoas, com os conseqüentes resultados de melhoria da paz social. Para conseguir um ensino inclusivo, os professores em geral e especializados, bem como os recursos, devem aliar-se em um esforço unificado e consistente."[8]

A escola inclusiva, portanto, será, no dizer de Lauro Luiz Gomes Ribeiro, "aquela que se constrói, a partir da permanente interação entre os vários atores educacionais, partilhando responsabilidades e estimulando a colaboração e o convívio fraterno e solidário, empenhada em mudar para atender a toda gama de necessidades educacionais identificadas, sem levar em conta as condições sociais, físicas, mentais e de saúde de seu alunado".[9]

Concluímos, então, que o direito fundamental previsto no art. 6º, *caput* e no art. 205, ambos da Constituição Federal, nada mais é do que a *educação inclusiva* e de qualidade, ou seja, aquela que é dever do Estado e da família e direito de todos e a todos deve ser oferecida em igualdade de condições, sem preconceito e discriminação, com garantia de acesso e permanência na escola *regular* e atendimento educacional especializado às pessoas com deficiência, em todos os níveis de escolaridade.

Diante da educação inclusiva como direito fundamental, é bem verdade que, atualmente, o Poder Público tem aceitado a matrícula do aluno com deficiência no ensino regular. E nem poderia ser diferente, porque o mandamento constitucional, como dissemos, é nesse sentido e também porque a recusa, sem justa causa, da matrícula da pessoa com deficiência no ensino regular é tida como crime, conforme art. 8º, inciso I, da Lei n. 7.853/1989. Porém, o que temos verificado, é que esse aluno chega até a escola, ainda que com dificuldade, devido à falta das adaptações arquitetônicas, mas não tem participado satisfatoriamente do aprendizado, pois lhe faltam os recursos pedagógicos e humanos (atendimento educacional especializado) para que consiga interagir com o professor, com os colegas de classe, com os funcionários da escola e com os demais alunos.

---

7. *A Nova LDB e a Educação Especial*, 2ª ed., WVA, 1998, p. 94.
8. Cf. Susan e Willian Stainback, em *Inclusão – Um Guia para Educadores*, Artmed Editora, 1999, p. 21.
9. Em texto escrito para a entidade "Mais Diferença", como colaboração ao projeto sobre inclusão e educação – Caixa de Formadores – Prefeitura Municipal de Osasco.

Mesmo sendo dever do Estado, este delegou às escolas particulares a incumbência de educar. Todavia elas devem observar as condições fixadas pelo art. 209 da Constituição Federal, que, em seu inciso I, aponta o dever de cumprirem as normas gerais da educação nacional, dentre as quais aquelas que apontam o direito da pessoa com deficiência de estudar na escola regular, ainda que privada. Na prática, porém, o que vemos é resistência de boa parte do ensino privado quanto à inclusão da pessoa com deficiência na escola regular, utilizando, dentre outros argumentos, o de que essa obrigação pertence tão-somente ao Poder Público, o que, às vezes, é chancelado por representantes deste.

Ou seja, há falta ou precariedade de investimento público e privado (quanto às escolas particulares) no oferecimento do atendimento educacional especializado às pessoas com deficiência para que elas possam ser incluídas no ensino regular, tal qual determinou a Constituição Federal que, repetimos, estabeleceu como direito fundamental a educação inclusiva.

Em razão das dificuldades que as escolas regulares enfrentam hoje em dia, diante do desafio da inclusão da pessoa com deficiência, seus pais ou responsáveis e mesmo muitos diretores de escolas, acabam defendendo a idéia de que o melhor para o aluno com deficiência é estudar nas escolas especiais, posto que elas estão melhores equipadas com recursos materiais e humanos para os acolherem, embora, em grande parte, não ofereçam conteúdo pedagógico, limitando-se a ensinar noções de higiene, alimentação e comunicação, sem se preocupar em qualificá-los para vida em comunidade e para o trabalho.

Não podemos, porém, nos esquecer de que o direito fundamental à educação *inclusiva* é do educando e não do Estado, da sociedade ou da família (art. 205 da CF). Não podemos nos esquecer, também, que as escolas especiais, como escolas que são, devem ter conteúdo pedagógico e se preocupar com a transmissão da educação de qualidade. Elas têm importante papel no processo de transposição da fase de educação "exclusiva" para a da educação inclusiva, pois o conhecimento técnico específico que possuem, podem e devem servir como rede de apoio às escolas regulares e às pessoas com deficiência para que isso aconteça com sucesso.

Ademais, "em geral, locais segregados são prejudiciais porque alienam os alunos. Os alunos com deficiência recebem, afinal, pouca educação útil para a vida real, e os alunos sem deficiência experimentam fundamentalmente uma educação que valoriza pouco a diversidade, a cooperação e o respeito por aqueles que são diferentes. Em contraste, o ensino inclusivo proporciona às pessoas com deficiência a oportunidade de adquirir habilidades para o trabalho e para a vida em comunidade. Os alunos com deficiência aprendem como atuar e interagir com seus pares no mundo 'real'. Igualmente importante, seus pares e também os professores aprendem como agir e interagir com eles".[10]

"Sem dúvida, a razão mais importante para o ensino inclusivo é o valor social da igualdade. Ensinamos os alunos através do exemplo de que, apesar das diferenças, todos nós temos direitos iguais. Em contraste com as experiências passadas de segregação, a inclusão reforça a prática da idéia de que as diferenças são aceitas e respeitadas. Devido ao fato de as nossas sociedades estarem em uma fase crítica de evolução, do âmbito industrial para o informacional e do âmbito nacional para o internacional, é importante evitarmos os erros do passado. Precisamos de escolas que promovam aceitação social ampla, paz e cooperação."[11]

"É simplesmente discriminatório que alunos com deficiências devam conquistar o direito ou estar preparados para serem incluídos na educação regular. Não é absurdo esperar que os pesquisadores educacionais provem que eles podem ser beneficiados da educação em

---

10. Cf. Susan e Willian Stainback, ob. cit., p. 25.
11. Idem, p. 27.

turmas regulares, enquanto outros alunos têm acesso irrestrito ao ensino simplesmente porque não têm esse rótulo. Nenhum aluno deveria precisar ser aprovado em um teste ou esperar resultados de pesquisa favoráveis para viver e aprender como membros regulares da vida escolar comunitária. O ensino inclusivo faz sentido e é um direito básico – não é algo que alguém tenha de conquistar. Quando as escolas incluem todos os alunos, a igualdade é respeitada e promovida como um valor na sociedade, com os resultados visíveis da paz social e da cooperação (...). Quando as escolas são excludentes, o preconceito fica inserido na consciência de muitos alunos quando eles se tornam adultos, o que resulta em maior conflito social e em uma competição desumana."[12]

Convivendo com as pessoas que são diferentes de nós teremos oportunidade de conhecer sua realidade, seu modo de agir, de pensar, de desejar, suas dificuldades, suas habilidades, pois a sociedade é formada por pessoas que se diferenciam entre si e essa diversidade é exatamente o que a enriquece. Com ou sem deficiência, todos temos potenciais para serem desenvolvidos em prol de si próprio e da sociedade, da qual fazemos parte. Basta que nos dêem oportunidades para que consigamos deixar aflorar as nossas capacidades. E a educação, na diversidade, é o grande "pontapé" inicial para que isso aconteça, pois ela gera desafios a serem vencidos e são esses desafios que acabam produzindo o desenvolvimento humano e social.

O pleno desenvolvimento da pessoa humana, na educação inclusiva, virá com o aprendizado do respeito à igualdade e à diversidade, livre do preconceito e da discriminação. Trará conquistas dos valores morais, pessoais, espirituais e culturais, bem como a troca de experiências e a convivência social e comunitária, culminando com a capacitação intelectual e profissional. Propiciará ao aluno sem deficiência a convivência com as diferenças, cooperando para o aprendizado da tolerância e do respeito às limitações do outro. Convém, aqui, mencionar que a LDB, em seu art. 3º, inciso IV, prevê dentre os princípios do ensino o respeito à liberdade e apreço à tolerância. O enriquecimento pessoal, com a inclusão, não é, portanto, só da pessoa com deficiência, mas também da que não a tem.

A educação inclusiva, capacitando intelectual e profissionalmente a todos, inclusive as pessoas com deficiência, possibilitará a inclusão de todos no mercado de trabalho e este, como direito social e fundamental (art. 6º, *caput*), no dizer de José Afonso da Silva, "é o meio mais expressivo de se obter uma existência digna".[13]

Importante mencionar, ainda, que um dos fundamentos da ordem econômica é a valorização do trabalho humano, tendo como finalidade a existência digna, baseando-se nos princípios da soberania nacional e da redução das desigualdades regionais e sociais (art. 170, da Constituição Federal), ou seja, tudo isso coincide com os objetivos da República Federativa do Brasil.

Só que para que a pessoa consiga trabalho (direito social), necessário se faz que ela receba a educação e a educação tal qual disposta como direito fundamental, ou seja, a educação inclusiva (na diversidade), pois somente por meio dela é que todos (pessoas com e sem deficiência) serão qualificados para o trabalho (art. 205 da CF) e todos (pessoas com e sem deficiência) terão oportunidade de encontrar trabalho e com ele alcançarão a dignidade e, automaticamente, levará à erradicação da pobreza e da marginalização, à formação de uma sociedade livre, justa e solidária, contribuindo para que o país alcance o desenvolvimento e a soberania nacional e reduza as desigualdades regionais e sociais.

A educação inclusiva, por fim, efetiva a cidadania, pois, conferindo à pessoa humana, com e sem deficiência, todos os direitos fundamentais, fará com que ela faça parte de uma sociedade livre, justa e solidária para cuja formação contribuiu.

12. Idem, p. 27.
13. Ob. cit., p. 186.

Eis aí a importância da educação na diversidade.

Diante de tudo isso, fica evidente que ao Ministério Público cabe o dever de lutar pela implementação do direito fundamental à educação inclusiva, ou seja, a educação de todos em um só lugar: na escola regular.

Assim o é porque, se o Ministério Público tem por incumbência constitucional a defesa da ordem jurídica, do regime democrático e dos interesses sociais e individuais indisponíveis (art. 127, *caput*, da CF), sendo uma de suas funções a de zelar pelo efetivo respeito dos Poderes Públicos e dos serviços de relevância pública aos direitos assegurados na Constituição Federal, promovendo medidas necessárias à sua garantia (art. 129, inciso II, da CF), não se questiona que, sendo o direito à educação direito fundamental (art. 6º, *caput*, da CF) e considerando que a Constituição Federal estendeu esse direito a *todos* os brasileiros *indistintamente*, inegável que desse *todos* fazem parte as pessoas com deficiência, que têm assegurado o direito de freqüentar o ensino regular (art. 208, III, da CF) sem sofrer qualquer tipo de preconceito e discriminação (art. 3º, IV, da CF).

Logo, ao Ministério Público cabe a defesa do direito à educação da pessoa com deficiência no ensino regular, devendo isso ser prioridade de atuação de toda a instituição, pois por meio da educação inclusiva todos os demais direitos fundamentais serão alcançados.

Todavia, não podemos esquecer que os representantes do Ministério Público são seres humanos, na maioria "sem deficiência" – o que reforça a idéia da exclusão social – e, por não terem convivido ao longo de sua formação pessoal e educacional com pessoas com deficiência, não é difícil que tragam incutidos em suas mentes pré-conceitos que atingem a grande parte da população formada pelas pessoas ditas "normais" ou "sem deficiência", como por exemplo: a inclusão do deficiente no ensino regular talvez não seja o melhor para ele e para os alunos que não têm deficiência: para estes, porque verão diminuir o ritmo escolar, já que terão que conviver com pessoas "especiais" em sua sala de aula, as quais demandarão maior atenção do professor que, por sua vez, não avançará tanto nas aulas para poder possibilitar que o aluno com deficiência acompanhe os ensinamentos. Para estes, porque, como os professores não estão preparados para recebê-los, não acompanharão as aulas e acabarão sofrendo o isolamento.

Isso faz com que não acreditando na relevância da convivência com a diversidade, haja certa fragilidade da instituição em lutar com afinco em prol da educação inclusiva.

Daí a importância de os membros do Ministério Público serem capacitados para poderem trabalhar na defesa da educação inclusiva. Não são somente os professores que necessitam da capacitação para conviverem com a diversidade. Nós, profissionais do Direito, também necessitamos do contato com as pessoas com deficiência para que sintamos as suas reais necessidades. Precisamos, também, buscar parceria com a área da educação para que melhor compreendamos como deve acontecer a inclusão da pessoa com deficiência no ensino regular, lutando para que alcancem o ensino de qualidade.

A mudança do paradigma da não inclusão da pessoa com deficiência deve acontecer também no Ministério Público para que assim ele possa, efetivamente, indicar, dentre suas prioridades, a defesa desse direito fundamental, cobrando dos Poderes Públicos e da sociedade a efetividade da educação inclusiva, possibilitando às pessoas com e sem deficiência de conviverem entre si na escola regular, que, para incluir e dar educação de qualidade, deverá rever seus conceitos e métodos de ensino e avaliação, deixando de estimular a competição para se preocupar com a formação de cidadãos.

As dificuldades para concretização da inclusão educacional são muitas, mas elas não podem servir de pretexto para não avançarmos. Mas não podemos desanimar com as dificuldades encontradas para efetivação da educação inclusiva, pois não se muda, de uma hora para outra, o paradigma da exclusão para o da inclusão. O importante é que temos visto movimentos freqüentes e propulsores para a implementação da educação para todos na escola regular. Os avanços têm acontecido, mas muito há ainda que ser feito para que os objetivos da educação previstos no art. 205, da Constituição Federal, sejam alcançados por todos, em especial, pelas pessoas com deficiência, que há décadas permaneceram segregadas do convívio social.

Tenho para mim que a inclusão da pessoa com deficiência no ensino regular, como implicará na mudança do ensino como um todo, poderá contribuir para a melhoria da qualidade da educação no Brasil e para isso, o Ministério Público tem papel fundamental, necessitando, contudo, acreditar, de fato, nas vantagens que o ensino inclusivo oferece a *todos*.

3. Conclusões

(a) Se a educação especial não é nível escolar, tanto que não foi tratada no art. 21 da LDB; se a sociedade é formada pela diversidade humana; se a igualdade é direito de todos (art. 5º, *caput*, da CF), vedando-se o preconceito e qualquer forma de discriminação (art. 3º, IV, da CF), atribuindo-se à pessoa com deficiência, o direito à convivência social e comunitária (art. 203, IV, da CF); se a escola, além de espaço de apreensão de conhecimento, é também espaço de convivência social na diversidade, forçoso reconhecer que o direito fundamental previsto no art. 6º, *caput*, da Constituição Federal é o direito à educação inclusiva.

(b) Se a educação tem como objetivo o pleno desenvolvimento da pessoa humana, o exercício da cidadania e a qualificação para o trabalho; se somente com a educação é que o ser humano tem condições de ser capacitado para o trabalho, que é direito social e fundamental (art. 6º da CF) e por meio do qual terá assegurada a existência digna (art. 170 da CF), contribuindo com o pleno desenvolvimento nacional (art. 3º, II, da CF), com a erradicação da pobreza e da marginalização (art. 3º, III, da CF), possibilitando a formação de uma sociedade livre, justa e solidária (art. 3º, I, da CF), a todos, em igualdade de condições, não podendo ficar de fora a pessoa com deficiência, assim deve ser direcionado o direito à educação.

(c) A Lei de Diretrizes e Bases da Educação Nacional aponta apenas dois níveis de educação: básica (infantil, fundamental e médio) e superior (art. 21, da LDB). Logo, a educação especial não é considerada nível escolar, mas sim *atendimento* educacional *especializado* (art. 208, III, da CF), que nada mais é do que recursos arquitetônicos, tecnológicos, materiais e humanos (art. 59, da LDB), que os alunos com necessidades especiais, dentre os quais os com deficiência, necessitam, em qualquer dos dois níveis escolares, para poderem ter garantido o acesso e permanência no ensino regular, com educação de qualidade.

(d) A norma constitucional prevista no art. 208, III, da Constituição Federal, prevê o direito da pessoa com deficiência de receber, preferencialmente na escola regular, o atendimento educacional especializado (recursos pedagógicos) e não o direito à educação, que, como dito, deve, pela igualdade e convivência social e comunitária, ser-lhe prestada na escola regular, juntamente com as pessoas sem deficiência.

(e) Embora o art. 205, da Constituição Federal, fale em dever do Estado, à iniciativa privada foi aberto o direito ao ensino, desde que cumpra as normas gerais da educação nacional (LDB), que, por ser infraconstitucional, deve respeitar o direito fundamental à educação inclusiva.

(f) Às escolas públicas e privadas, portanto, cabe, por dever constitucional (art. 205 da CF), providenciar a adaptação arquitetônica e pedagógica, a fim de que acolham, obrigatoriamente, as pessoas com deficiência, a quem também é dado o direito ao acesso e permanência no ensino regular (art. 206, I, da CF).

(g) As escolas especiais, como escolas que são, devem ter conteúdo pedagógico e oferecer educação de qualidade (art. 206, VII, da CF).

(h) As escolas especiais, em razão das inúmeras dificuldades por que passam as escolas regulares, públicas e privadas, que até então não eram inclusivas – e, com o advento da Constituição Federal de 1988, devem ser –, terão papel de grande importância na transição do ensino excludente para o ensino inclusivo, uma vez que, pelos recursos humanos e materiais especializados que possuem, poderão auxiliar os profissionais das escolas regulares na prestação do atendimento educacional especializado aos alunos com deficiência (art. 208, III, da CF).

(i) O Ministério Público, em razão de ter recebido a incumbência constitucional de defesa da ordem jurídica, do regime democrático e dos interesses sociais e individuais indisponíveis (art. 127, *caput*, da CF), sendo uma de suas funções a de zelar pelo efetivo respeito dos Poderes Públicos e dos serviços de relevância pública aos direitos assegurados na Constituição Federal, promovendo medidas necessárias a sua garantia (art. 129, inciso II, da CF), deve ter como prioridade a defesa do direito à educação inclusiva, pois somente por meio dela que os fundamentos e objetivos da República Federativa do Brasil serão atingidos.

(j) O Ministério Público deve capacitar seus membros para as questões ligadas à deficiência, pois, em razão da exclusão que perdurou por décadas, muitos deles não conviveram com a diversidade e, portanto, precisam quebrar pré-conceitos e percorrer os caminhos da educação para que possam lutar pela sua real e eficaz implantação da inclusão, cooperando para a construção de uma sociedade livre, justa e solidária, da qual todos, sem exceção, façam parte com igualdade de direitos, dignidade e cidadania.

SISTEMA DE GARANTIA DE DIREITOS

Unidades de Internação para Adolescentes em Conflito com a Lei – Uma Proposta Pedagógica Baseada nas Referências Culturais

LESLIE MARQUES DE CARVALHO
LUDMILA DE ÁVILA PACHECO

1. Internação. 2. Cultura e modelos institucionais de internação. 3. Adolescência, delinqüência e internação. 4. A importância das referências culturais nas propostas pedagógicas de internação. 5. Proposições. 6. Bibliografia.

1. Internação

A internação é a mais gravosa de todas as medidas socioeducativas, pois, aqui, o legislador considerou que o adolescente a quem será aplicada a medida não dispõe de condições de permanecer em sociedade, para que se desenvolva o processo socioeducativo. Analisando-se o ECA, ver-se-á que a decisão da autoridade judiciária, quanto à medida a ser aplicada, considerará a gravidade do ato infracional ("grave ameaça ou violência à pessoa"; "reiteração no cometimento de outras infrações graves"), assim como os aspectos pessoais do adolescente ("A medida aplicada ao adolescente levará em conta a sua capacidade de cumpri-la, as circunstâncias e a gravidade da infração"; "Em nenhuma hipótese será aplicada a internação, havendo outra medida adequada"). Dessa forma, a medida de internação tem duas naturezas – a retributiva e a socioeducativa – como as demais; no entanto, é nesta medida que o caráter sancionatório se apresenta de forma mais explícita, com o cerceamento do direito de ir-e-vir. Para evitar a natureza meramente sancionatória, o ECA estabelece garantias quanto à execução da medida de internação, demonstrando claramente que esta tem natureza socioeducativa. A privação de liberdade, como meio de dissuasão ao ato crime e garantia de ressocialização, é questionada e considerada ineficiente por alguns estudiosos, como veremos a seguir:[1]

"As prisões não diminuem a taxa de criminalidade: pode-se aumentá-las, multiplicá-las ou transformá-las, a quantidade de crimes e de criminosos permanece estável, ou ainda, aumenta;

"(...) A prisão não pode deixar de fabricar delinqüentes. Fabrica-os pelo tipo de existência que faz os detentos levarem (...). A prisão, também, fabrica delinqüente, impondo aos

---

1. Fórum Nacional Permanente de Entidades Não-Governamentais de Defesa dos Direitos da Criança e do Adolescente-Fórum DCA-Nacional, e Associação Nacional de Organizações Não-Governamentais-ABONG.

detentos limitações violentas; ela se destina a aplicar as leis, e a ensinar o respeito por elas, ora todo o seu funcionamento se desenrola no sentido contrário, do abuso de poder arbitrário da administração;' (*apud* Foucault, 1987:234-235)" (ob. cit., p. 9).

"'A perda dos direitos fundamentais de liberdade e igualdade representa a degradação da pessoa humana, como a tortura e o tratamento desumano, (...). Persistem os males da prisão como a 'prisonização', a contaminação carcerária, a superlotação prisional, o hospitalismo, e a avitaminose psíquica, o que torna o egresso incapaz de convivência social, rendendo ensejo e reincidência e aumento de violência urbana. (...)' (Albergaria, Jason, 1996, p. 59)" (ob. cit., p. 9).

Não se trata, aqui, de questionar a existência da privação de liberdade, pois é fato que ela está prevista em lei, sendo mecanismo que a sociedade brasileira construiu, através de seus representantes, fazendo parte da nossa estrutura de controle social; essas reflexões objetivam dar a dimensão do desafio que se apresenta à execução da medida de internação, pois é inevitável reconhecerem-se as contradições inerentes a uma medida que se propõe a "libertar" o indivíduo valendo-se de um mecanismo de privação de liberdade.

Outro dado a ser considerado é que essa medida tem sido dispendiosa para o Estado, pois a média nacional de custo de um adolescente internado é de R$ 7.000,00 (sete mil reais) mensais, o que significa dizer que, num período de 3 anos (tempo que pode durar uma internação), o Estado investe por volta de R$ 252.000,00 (duzentos e cinqüenta e dois mil reais) em cada interno. Com este custo, é necessário que todos os esforços sejam envidados para que a medida surta os efeitos desejados, ou seja, devolva o adolescente à sociedade em condições de se inserir produtivamente e de forma construtiva.

2. Cultura e modelos institucionais de internação

Historicamente, construiu-se no imaginário da população brasileira que a privação de liberdade é um mecanismo "eficiente" para punir e reprimir o criminoso, e que quanto maior a aflição, maior sua "eficácia", baseando-se numa visão comportamentalista de estímulos e respostas, punições e recompensas, em que o medo assume valor maior que a construção de novos valores a partir da superação dos conflitos que deram origem ao processo delinqüencial. Este olhar pode ser reflexo do sentimento de vingança que a população tem para com os que infringem as normas, pois estes ameaçam a ordem estabelecida e denunciam as falhas das instituições educativas da sociedade como um todo, colocando simbolicamente em risco a sobrevivência da espécie humana. Portanto, para se estruturar os sistemas de privação de liberdade, é necessário refletir-se sobre a cultura que tem permeado essas instituições ao longo dos anos.

Segundo Goffman, "Uma disposição básica da sociedade moderna é que o indivíduo tende a dormir, brincar e trabalhar em diferentes lugares, com diferentes co-participantes, sob autoridades e sem plano racional geral. O aspecto central das instituições totais pode ser descrito como a ruptura das barreiras que comumente separam essas três esferas da vida. Em primeiro lugar, todos os aspectos da vida são realizados no mesmo local e sob uma única autoridade. Em segundo lugar, cada fase da atividade diária do participante é realizada na companhia imediata de um grupo relativamente grande de outras pessoas, todas elas tratadas da mesma forma e obrigadas a fazer as mesmas coisas em conjunto. Em terceiro lugar, todas as atividades diárias são rigorosamente estabelecidas em horários, pois uma atividade leva, em tempo determinado, à seguinte, e toda a seqüência de atividades é imposta de cima, por um sistema de regras formais explícitas e um grupo de funcionários. Finalmente, as várias atividades obrigatórias são reunidas num plano racional único, supostamente planejado para atender aos objetivos oficiais da instituição" (Goffman, 2001:17-18).

Embora Goffman tenha publicado sua obra em 1961, parece que suas reflexões são muito atuais, demonstrando claramente como tem sido conduzido o cotidiano das instituições de internação ao longo dos anos no Brasil.

No entanto, a legislação e o SINASE (Sistema Nacional de Atendimento Socioeducativo) estabelecem que não deva ser a instituição total o modelo, pois este privilegia apenas o controle e a segurança, usando para tanto uma estratégia pedagógica de despersonalização dos indivíduos, num flagrante desrespeito à individualidade e aos direitos humanos.

A construção e a estruturação de unidades de internação que não passem pelo modelo de instituição total exigem um conhecimento acerca da adolescência, das raízes dos atos anti-sociais e da cultura brasileira. Esses conhecimentos se fazem necessários, uma vez que a lei considera a adolescência como uma fase peculiar de desenvolvimento; conhecer as raízes dos atos anti-sociais facilitará o entendimento dos "porquês" de os adolescentes se encontrarem nessa situação; a leitura da cultura brasileira é o conhecimento que permitirá a construção do ambiente intramuros.

3. Adolescência, delinqüência e internação

No Brasil, as fases do desenvolvimento humano são estabelecidas legalmente, sendo de 0 a 12 anos o período considerado infância, de 12 a 18 anos a adolescência, de 18 a 60 anos a fase adulta e acima de 60 anos, a chamada "terceira idade". Observa-se que a adolescência é o período de menor duração; por outro lado, um período intenso de transformações, do ponto de vista biológico, emocional e social. Neste período, processam-se mudanças biológicas significativas, o crescimento em ritmo mais acelerado, as mudanças hormonais, com suas interferências no biótipo e no humor, dentre outras. Em relação ao emocional, é o período em que o indivíduo faz uma revisão de sua vida para entrar na fase adulta; portanto, é uma fase de transição e, como tal, permeada pelas inseguranças em relação ao novo e pelas necessidades de auto-afirmação, o que comumente é visto como "rebeldia", sem falar do desabrochar da sexualidade com todas as suas implicações. Socialmente, é a fase da busca pela autonomia e da desvinculação da proteção familiar, concomitantes à construção de referências de amizades e grupos que não passam mais pelo crivo familiar. As transformações citadas fazem com que essa fase seja um momento delicado no processo de desenvolvimento, geralmente permeado por conflitos intra e extrafamiliares. A superação destes conflitos dependerá de alguns fatores: inicialmente, das relações de cuidados nas fases anteriores à adolescência, ou seja, se as necessidades no período da infância foram atendidas de forma mais ou menos satisfatória ao processo de formação; depois, do preparo dos adultos responsáveis pelo adolescente para respeitar este momento, sem abrir mão das funções inerentes ao seu papel. A maior ou menor capacidade de mediar os conflitos é que facilitará ou não a construção da maturidade para a vida adulta.

Uma das leituras possíveis acerca das raízes da delinqüência nos é dada pela obra de D. Winnicott, onde o autor nos ensina que a delinqüência surge da privação da vida familiar, ao dizer:

"Uma criança normal, se tem a confiança do pai e da mãe, usa de todos os meios possíveis para se impor. Com o passar do tempo, põe à prova o seu poder de desintegrar, destruir, assustar, cansar, manobrar, consumir e apropriar-se. Tudo o que leva as pessoas aos tribunais (ou manicômios, pouco importa no caso) tem seu equivalente normal na infância, na relação da criança com seu próprio lar. Se o lar consegue suportar tudo o que a criança pode fazer para desorganizá-lo, ela sossega e vai brincar; mas primeiro os negócios, os testes têm que ser feitos e, especialmente, se a criança tiver alguma dúvida quanto à estabilidade da instituição parental e do lar (que para mim é muito mais do que a casa) (...) o que acontece se o lar faltar à criança antes de ela ter adquirido uma idéia de um quadro de referência como parte de sua própria natureza? A idéia corrente é que, vendo-se 'livre', a criança passa a fazer tudo o que lhe dá prazer. Isto está muito longe da verdade. Ao constatar que o quadro de referência de sua vida se desfez, ela deixa de se sentir livre. Torna-se angustiada e, se tem alguma esperança, trata de procurar um outro quadro de referência fora do lar. A criança cujo lar não lhe ofereceu um sentimento de segurança busca fora de casa as quatro paredes; ainda tem esperança e recorre aos avós, tios e tias, amigos da família, escola. Procura uma estabilidade externa sem a qual poderá enlouquecer" (Winnicott, 1987:121).

Ora, é precisamente destas faltas que trataremos quando em contato com adolescentes que cometeram atos anti-sociais. Também é a reconstrução deste sentimento de estabilidade que as medidas socioeducativas deverão efetivar. Alguns aspectos desafiam sobremaneira este processo, em relação ao público com o qual estamos lidando, pelo fato de ser ele composto de adolescentes e não de crianças, tendo tais adolescentes buscado seu socorro através de um ato anti-social; outro fator é que a sua busca é de estabilidade afetiva. O fato de serem adolescentes faz com que a manifestação dessa busca ocorra de forma "agressiva e conflitiva", pois é certo que o adolescente está vivendo todo o processo de auto-afirmação próprio de sua fase de desenvolvimento, agravado pelo sentimento de insegurança anterior; as suas condutas, em alguns momentos, se assemelham às de uma criança de tenra idade e, em outros momentos, às de um adolescente. Referida forma de estar no mundo comumente provoca confusões por parte dos que estão lidando com o socioeducando, pois há uma expectativa em relação às suas manifestações, sem contar que o porte físico e sua busca de auto-afirmação tencionam a relação.

O ato anti-social é uma maneira de manifestar sofrimento, que socialmente desperta reprovação e sentimento de vingança. Este sentimento permeia a intervenção com o adolescente, pois os educadores são pessoas inseridas numa determinada cultura e trazem para a intervenção as respectivas convicções e, como estas foram apreendidas culturalmente, comumente se apresentam como verdades absolutas.

As unidades de internação são compostas por trabalhadores que não possuem qualquer vínculo de afeto com o adolescente; portanto, a ausência deste sentimento deverá ser mediada pela relação de respeito, pois, embora não seja o mesmo sentimento, ele é o que pode ser construído e o seu conteúdo é o que mais se aproxima da afetividade. Assim como a afetividade, o respeito não quer dizer o "pode tudo", ou seja, a falta de limites; estes são necessários a qualquer processo de formação, até porque a falta de limite pode trazer a sensação de abandono por parte do adolescente; porém, o foco do limite deverá ser a necessidade do adolescente de absorver as normas sociais, e não a ausência de tensões ou conflitos no ambiente institucional.

Por fim, a própria medida é a manifestação da vingança social em relação aos atos cometidos pelo adolescente. No estágio em que se encontra a civilização brasileira, a vingança ainda se coloca como possibilidade para o sentimento de paz social; portanto, este dado não deve ser ignorado; não é "à toa" que há um grande clamor por medidas mais restritivas de direitos, como a redução da idade penal (vide os 13 de projetos de emenda constitucional que tramitam no Poder Legislativo Federal, solicitando a redução da idade penal e/ou o aumento do tempo de internação).

As sociedades têm parâmetros que norteiam a convivência social. No caso do Brasil, o conflito com a lei é alvo de privação de direitos para os que nele incorrem. Estes institutos são construídos ao longo da formação da sociedade e têm uma lógica própria. Para que tais parâmetros sejam substituídos, é necessário que novos parâmetros sejam construídos e que estes cumprem a função dos anteriores; neste caso específico, que garantam o sentimento de integração social, pois, assim, evita-se o risco de se ter a sensação de caos social. O que se pode observar pelas falas populares, matérias jornalísticas e pesquisas é que a sociedade brasileira, de forma geral, ainda não substituiu, no seu imaginário social, as medidas sancionatórias como mecanismos de controle social, por um processo socioeducativo. Nessa conjuntura, faz sentido a natureza retributiva expressa no arcabouço legal, pois, para a população, ainda é a sanção que se apresenta como mecanismo "eficaz" para conter a delinqüência juvenil, e não a proteção integral.

No entanto, há, nesta mesma sociedade, em número menor, segmentos que fazem uma leitura contrária a essa, acreditando ser exatamente através da proteção integral que se conseguirá a reversão do quadro dos adolescentes em conflito com a lei e, conseqüentemente, a paz social. O ECA tem natureza híbrida, conforme já mencionado anteriormente, dando espaço a interpretações e práticas diferentes por parte do sistema de justiça, no tocante à aplicação e execução das medidas, ora dando um peso maior para a sanção, ora para o processo socioeducativo. Apenas para exemplificar as diferenças de concepção, citar-se-ão alguns posicionamentos de operadores do sistema de justiça:

"A sanção estatutária, nominada medida socioeducativa, tem inegável conteúdo aflitivo (na lição legada por Basleu Garcia) e por certo esta carga retributiva se constitui em elemento pedagógico imprescindível à construção da própria essência da proposta socioeducativa. Há a regra e há o ônus de sua violação" (João Batista Costa Saraiva, 1999, p. 64 – Juiz de Direito).

"(...) às medidas socioeducativas não são nem se confundem com as penas prescritas aos imputáveis, não havendo qualquer prévia cominação de medida ao ato infracional praticado, seja ele de que natureza for, é óbvio que a medida socioeducativa deve ser aplicada não em relação ao que o adolescente fez, numa perspectiva meramente retributivo-punitiva, mas sim em razão do que ele necessita para sua recuperação, de modo a evitar a reincidência" (Murillo Digiácomo, Promotor de Justiça; texto intitulado *Breves Considerações sobre a Proposta de Lei de Diretrizes Socioeducativas*, extraído da internet, *www.abmp.org.br*).

O SINASE e o Projeto de Lei de Execuções de Medidas Socioeducativas são uma tentativa de uniformizar as interpretações e as execuções das medidas. Trata-se de tentativa, porque não há possibilidade de se engessar a interpretação das leis.

Em se tratando de adolescente, não deverá ser unicamente o sentimento de vingança social a nortear a execução da medida, mas sim, o processo socioeducativo. O desafio é fazer com que a sociedade entenda que a privação de liberdade já é uma situação por demais aflitiva em qualquer fase da vida, principalmente na adolescência.

Neste contexto em que as medidas socioeducativas deverão ser executadas, o sentimento de estabilidade deverá ser desenvolvido no meio onde o adolescente está vivendo; portanto, a construção de um ambiente que lhe permita vivenciar o sentimento de segurança poderá facilitar a superação das dificuldades manifestadas, mais até do que abordagens psicoterápicas.

A fase de desenvolvimento categorizada como adolescência é o momento em que o indivíduo busca sair da relação de proteção com os adultos para alçar vôos em busca da sua existência como ser social; porém, para que a inserção no mundo adulto possa ser menos conflitiva e sofrida, é fundamental que o meio sirva de referência para o educando; assim, por mais que as ações dos adolescentes indiquem o movimento oposto, é fundamental haver uma referência segura do meio em que vivem. Neste sentido, a medida socioeducativa de internação deverá desenvolver sua atuação pedagógica com vistas a reconstruir estas referências de núcleo cuidador, familiares e culturais.

4. A importância das referências culturais nas propostas pedagógicas de internação

Na adolescência, as absorções dos padrões culturais de convivência já estão construídas no indivíduo. Desta forma, o adolescente interno já traz uma lógica da dinâmica social que lhe permite identificar símbolos, espaços e instituições que desempenham papéis no processo de formação moral, ética e outras. Neste sentido, a unidade que pretende sair do modelo de instituição total terá que fazer uma leitura de como uma determinada sociedade se estrutura, para garantir um ambiente interno que remeta o socioeducando às relações sociais extramuros.

A sociedade brasileira construiu mecanismos de socialização que estão expressos na nossa cultura, entendendo, aqui, cultura como hábitos/costumes, que possuem a sua lógica própria. Esta se expressa através do *modus vivendi*, ritos, espaços, imaginário social. O antropólogo e professor DaMatta nos mostra, na sua obra *A Casa & a Rua*, que a sociedade brasileira é relacional e triangular, ou seja, é feita de três espaços distintos e absolutamente complementares, conforme veremos na citação seguinte: "A sociedade é englobada pelo eixo das leis impessoais (e pelo mundo da rua), ficando o domínio das relações pessoais (a província da casa) totalmente submerso (...) a essas possibilidades junto uma outra que considero importante para se completar essa 'gramática ideológica brasileira'. Quero me referir ao espaço do 'outro mundo' ou do 'sobrenatural', que faz com a casa e com a rua um elo complementar e terminal. Assim, o mundo que chamamos de 'real', ou 'este mundo', é feito de casa e rua; mas o universo dos mortos é a esfera do 'outro mundo'. Tal como ocorre com a casa ou com a rua, o 'outro mundo' é também um importante elemento englobador de muitas situações sociais" (DaMatta, 1997:18).

A privação da liberdade é uma medida que decorre da legislação, devendo ser aplicada pelo poder público; portanto, do ponto de vista objetivo e simbólico, é a relação que se estabelece na rua, impessoal, rígida e maltratante. O fato de o adolescente estar sob a tutela do Estado, ou seja, em uma situação artificial ao que seria costumeiro se não estivesse em condição de restrição do direito de ir-e-vir, distante da família, de sua casa, de seus vínculos comunitários, torna a construção da relação de intimidade mais delicada.

O ECA estabelece que o afastamento do *locus* de origem possa ser de até 3 anos, período relativamente longo, considerando-se o fato de ser a adolescência uma fase conturbada e de afirmação, porém breve, de apenas 6 anos. Assim, é fundamental que o espaço institucional propicie certa similaridade com a "casa" e as relações familiares, a fim de que o socioeducando possa sentir intimidade e segurança no ambiente, para trabalhar suas questões de foro íntimo e social. Este é o desafio do atendimento aos adolescentes que estão privados de liberdade.

Segundo DaMatta, "Assim, sabemos que em casa podemos fazer coisas que são condenadas na rua, como exigir atenção para a nossa presença e opinião, querer um lugar determinado e permanente na hierarquia da família e requerer um espaço a que temos direito inalienável e perpétuo.

"Em casa somos todos, conforme tenho dito, 'supercidadãos'.

"Mas e na rua? Bem, aqui passamos sempre por indivíduos anônimos e desgarrados, somos quase sempre maltratados pelas chamadas 'autoridades' e não temos nem paz, nem voz. Somos rigorosamente 'subcidadãos' e não será exagero observar que, por causa disso, nosso comportamento na rua (e nas coisas públicas que ela necessariamente encerra) é igualmente negativo" (DaMatta, 1997:20).

No cotidiano institucional é que as representações sociais brasileiras devem se materializar; neste sentido, a escola, o atendimento à saúde, a inserção no esporte e o acesso a manifestações culturais são *importantíssimos*, mas não se mostram suficientes para garantir o processo socioeducativo do adolescente, pois as políticas sociais são apenas parte de um universo social e individual que dispõe de estrutura mais complexa e subjetiva.

O processo educativo – e não poderia ser diferente – ocorre nas relações que se estabelecem entre os indivíduos. Mais do que um processo que tem uma intenção predeterminada, ele é construído numa dinâmica própria que se manifesta como se fosse natural à espécie. No entanto, encerra construções de uma determinada sociedade, com sua carga histórica; este é, em regra, o processo de formação dos indivíduos.

Nas unidades de internação, ocorre da mesma forma, ou seja, é no cotidiano e na dinâmica da unidade que o adolescente deve ter vivências de relações humanas que lhe permitam reconstruir a sua identidade pessoal e cultural, facilitando, assim, a elaboração de novas perspectivas para a sua vida. Desta forma, os modelos de internação devem criar dinâmicas internas que considerem a individualidade, a origem, os hábitos, os costumes, a cultura, saindo do modelo de instituição total para a construção de novas dinâmicas internas, o mais próximo possível da socialização extramuros, mesmo porque a restrição imposta ao adolescente é apenas do direito de ir-e-vir.

Nesta perspectiva, propõe-se, neste trabalho, que as unidades de internação tenham uma estrutura física que remeta à organização social extramuros, ou seja, os espaços de intimidade, como as casas, deverão ter uma arquitetura que considere a segurança, devendo as divisões internas igualmente se assemelhar às casas extramuros, com todos os compartimentos que estas possuem, tais como sala, cozinha, quartos, etc. Desta forma, cada unidade de 90 adolescentes deverá ter 6 casas com aposentos para 15 adolescentes cada uma. A escola, as oficinas artísticas e profissionalizantes, os esportes e atividades culturais deverão acontecer extracasa.

A dinâmica institucional deverá criar mecanismos para que estas habitações sejam utilizadas nos momentos de alimentação, descanso, estudos ou quando o adolescente estiver cometido de enfermidade, evitando-se, sempre que possível, a permanência por períodos prolongados na casa.

O que possuímos de construção para o cumprimento da medida de internação, de uma forma geral, não tem essa referência. Desta forma, sugere-se que as construções sigam o citado padrão arquitetônico e que, paulatinamente, se vá adequando as unidades existentes a tal modelo.

Propõe-se, também, a participação dos adolescentes em determinadas demandas da unidade, por exemplo:

• na elaboração do cardápio, uma vez que a alimentação é o cuidado primário desde a primeira infância, ato sem o qual não sobrevivemos, além de manifestar nossas origens, pois o paladar é desenvolvido a partir de uma cultura típica;

• na escolha e preparação das atividades a serem desenvolvidas, as quais têm múltiplas funções, seja no processo educativo, no alívio de tensões, no lazer e no desenvolvimento de habilidades específicas, tendo sua existência uma só razão de ser, que é atender ao próprio adolescente, maior interessado; portanto, nada mais óbvio do que ele participar da sua elaboração;

• na elaboração de regimento interno, que tem como foco a convivência entre os atores da instituição, visando disciplinar as relações; parte-se, aqui, do princípio segundo o qual a norma de cuja elaboração se participa terá mais chance de ser cumprida do que aquela imposta.

Este envolvimento em decisões do cotidiano institucional visa facilitar ao adolescente seu sentimento de pertencimento e de intimidade com a comunidade, transformando o espaço em que está vivendo em familiar.

Por outro lado, deve-se respeitar o gosto estético de cada educando, inclusive, em relação ao vestuário, a manifestações artísticas, ao corte de cabelo, dentre outras. A forma de se vestir, de cortar o cabelo, mais que uma mera necessidade de cobrir o corpo ou de se agasalhar, é uma "moldura" que identifica grupos sociais, "tribos", externando o momento de vida, a idade, dentre outros símbolos de pertencimento. Estas são linguagens que comunicam o momento do adolescente, seu mundo interno, origens, conflitos etc.; o respeito aos seus gostos e individualidade propicia ao adolescente o respeito ao que é genuinamente seu, evitando a imposição de padrões dominantes e facilitando a sua formação enquanto ser social. Todas essas manifestações do adolescente no espaço institucional deverão servir como subsídio às intervenções dos educadores.

Segundo DaMatta, "(...) o sistema ritual brasileiro é um modo complexo de estabelecer e até mesmo de propor uma relação permanente e forte entre a casa e a rua, entre 'este mundo' e o 'outro mundo'. Ou seja: a festa, o cerimonial, o ritual e o momento solene são modalidades de relacionar conjuntos separados e complementares de um mesmo sistema social. Sua importância, conforme tenho chamado sistematicamente a atenção, não é uma função do espírito festeiro, cínico ou irresponsável do brasileiro. É muito mais um mecanismo social básico por meio do qual uma sociedade feita com três espaços pode tentar refazer sua unidade" (DaMatta, 1997:61).

Neste sentido, devem ser realizadas as festas comemorativas, as cerimônias e os rituais, de modo que eles possam ser um espaço de vivência para que os adolescentes retomem a sua identidade cultural e social. As festas juninas, natalinas, de aniversário e datas cívicas deverão ser momentos de interação entre a comunidade interna e externa à instituição, pois é através das danças, dos jogos, das brincadeiras, dos namoros que as relações se dão e cumprem a função de refazer a unidade. Portanto, é impensável uma festa em que o adolescente dance apenas com as servidoras da unidade, sem poder exercer a sua condição de adolescente que está vivendo a puberdade.

Os finais de semana na sociedade brasileira estão plasmados como os dias de descanso, de proximidade com a família, do divertimento, "da curtição"; assim, eles devem ser programados nas unidades; nessas oportunidades, devem ser promovidas apresentações culturais, disputa de campeonatos desportivos, passeios (se possível, com os familiares) e visitas de familiares aos adolescentes. O planejamento dessas atividades também deverá contar com a participação dos adolescentes.

A alimentação é um aspecto importante da cultura. Muito mais do que a necessidade de sobrevivência, ela traz consigo os significados de cuidados iniciais, aconchego, afeto e família, pois é através dela que registramos, no nosso inconsciente, os cuidados primários; desta forma, ela deverá ser confeccionada nas próprias dependências de cada unidade de 15 adolescentes. Tal dinâmica pode proporcionar momentos de interação entre os educadores e os educandos, sentimento de lar, facilidades do ponto de vista de elaboração de cardápio e de qualidade da alimentação (esta última, alvo constante de denúncias por parte de adolescentes internos).

Como se pode perceber, a intervenção junto aos adolescentes exige conhecimentos de vários ramos da ciência e preparo por parte dos socioeducadores, condição que só poderá ser adquirida com seleção de pessoal específica para esse fim, formação própria, acompanhamento continuado da equipe e condições dignas de trabalho.

As vantagens de se garantir o respeito ao modelo cultural são de várias ordens: a primeira é a facilitação do processo socioeducativo – uma vez respeitadas as referências culturais do adolescente, o ambiente se torna mais familiar e a sensação de intimidade poderá ser construída, permitindo uma maior interação com o meio, o que facilita a audição de suas dores, condição fundamental para construção de novos referenciais; a segunda é em relação à segurança –; o acompanhamento de grupos menores permite uma atenção individualizada, o que facilita a criação de vínculos e a mediação dos conflitos sem o uso da força física; a terceira é a de custos – as referências culturais, na sua grande maioria, não adicionam custos ao atendimento, mas meras alterações na forma de condução do trabalho socioeducativo, pois elas trabalham, principalmente, com o simbólico que faz parte da estrutura social; ademais, um grupo de adolescentes que tem suas necessidades objetivas e subjetivas atendidas terá uma postura menos depredatória em relação ao ambiente.

5. Proposições

A tese ora apresentada propõe que os modelos pedagógicos de atendimento aos adolescentes que estão privados de liberdade sejam construídos a partir das referências culturais, ou seja, do *modus vivendi* da sociedade brasileira. Defende-se, aqui, a desconstrução das experiências que adotam como referências os modelos de instituições totais, as quais vilipendiam a legislação vigente no País. A determinação legal de que a medida socioeducativa de internação tenha natureza híbrida, isto é, sancionatória e socioeducativa, exige a criação de modelos de intervenção que privem o adolescente apenas o direito de ir-e-vir, mas não da cultura socializadora.

Considerando a necessidade e premência: de reestruturação do sistema de atendimento socioeducativo, conforme bem demonstra o SINASE; do cumprimento das decisões judiciais, sob pena destas caírem no descrédito; de ser proporcionado atendimento digno aos adolescentes; propõe-se sejam provocados o Conselho Nacional dos Direitos da Criança e do Adolescente – CONANDA e a Secretaria Especial dos Direitos Humanos da Presidência da República – SEDH-PR, no sentido de que, ao aprovarem projetos de execução de medidas socioeducativas cujo financiamento for compartilhado com o Governo Federal, considerem as referências culturais para a construção de bases físicas, projetos pedagógicos e capacitações.

A questão do preparo de mão-de-obra especializada é ponto nevrálgico do sistema de atendimento socioeducativo, especialmente nos modelos pedagógicos inspirados em concepções de direitos humanos, como o ora sugerido; neste sentido, propõe-se discussão, junto ao Ministério da Educação, sobre a viabilidade de ser criada escola técnica para a formação socioeducadores.

A fiscalização das entidades de atendimento, nos moldes determinados pelos arts. 90, parágrafo único, e 95, ambos do ECA, muitas das vezes, é que obriga a Administração a cumprir o seu papel de forma mais adequada, no que se refere às instituições governamentais. Neste passo, propõe-se sejam elaborados, por parte do Ministério Público, do Poder Judiciário, dos Conselhos Tutelares e de Direitos, mecanismos para aferir se o cotidiano institucional tem sido garantidor do processo educativo dos adolescentes, inclusive, no tocante aos aspectos socializadores da cultura brasileira.

6. Bibliografia

DAMATTA, Roberto (1997). *A Casa & a Rua. Espaço, Cidadania, Mulher e Morte no Brasil*. 5ª ed., Rio de Janeiro, Rocco.

FISCHER, Ernst (1987). *A Necessidade da Arte*. 9ª ed., Rio de Janeiro, Guanabara.

FÓRUM DCA NACIONAL e ABONG (1999). *Adolescência, Ato Infracional & Cidadania*. Novembro/1999.

FOUCAULT, Michel (1987). *Vigiar e Punir. Nascimento da Prisão.* 11ª ed., Petrópolis, Vozes.
GIRARD, René (1990). *A Violência e o Sagrado.* São Paulo, Paz e Terra/UNESP.
GOFFMAN, Erving (2001). *Manicômios, Prisões e Conventos.* 7ª ed., São Paulo, Perspectiva.
MAKARENKO, A. S. (1987). *Poema Pedagógico.* 3 vols., 2ª ed., São Paulo, Brasiliense.
SCARAMUSSA, Tarcísio (1984). *O Sistema Preventivo de Dom Bosco: um Estilo de Educação.* 3ª ed., São Paulo, Editora Salesiana Dom Bosco.
WINNICOTT, W. D. (1999). *Tudo Começa em Casa.* 3ª ed., São Paulo, Martins Fontes.
_____ (1987). *Privação e Delinqüência.* 1ª ed. brasileira, São Paulo, Martins Fontes.

ANÁLISE: APRIMORAMENTO INSTITUCIONAL

Cadastro de Pretendentes à Adoção

Luiz Antonio Miguel Ferreira

1. Fundamento legal. 2. Definição e objetivo. 3. Quem pode se cadastrar. 4. Processamento. 5. Causas de indeferimento do cadastro/recurso: 5.1 Interpretação da jurisprudência quanto às causas de indeferimento do cadastro/recurso. 6. Obediência da ordem dos cadastrados: 6.1 Interpretação da jurisprudência quanto à obediência da ordem dos cadastros. 7. Cadastro em várias cidades e Estados: 7.1 Jurisprudência. 8. Depois de adotar uma criança, precisa ser feito outro cadastro. 9. Vantagens do cadastro – Jurisprudência sobre as vantagens do cadastro. 10. Cadastro Nacional de Adoção.

1. Fundamento legal

A criação do cadastro de pretendentes à adoção ocorreu no Estatuto da Criança e do Adolescente que estabelece:

"Art. 50. A autoridade judiciária manterá, em cada comarca ou foro regional, um registro de crianças e adolescentes em condições de serem adotados e outro de pessoas interessadas na adoção.

"§ 1º. O deferimento da inscrição dar-se-á após prévia consulta aos órgãos técnicos do Juizado, ouvido o Ministério Público.

"§ 2º. Não será deferida a inscrição se o interessado não satisfazer os requisitos legais, ou verificada qualquer das hipóteses previstas no art. 29."

No Estado de São Paulo este artigo está regulamentado atualmente pelo Provimento n. 05/2005, do Tribunal de Justiça do Estado de São Paulo – Cadastro no Estado de São Paulo, de 3 de março de 2005, que disciplinou de forma uniforme toda a sistemática para o judiciário paulista.

Agora, foi editada a Resolução n. 54, de 29 de abril de 2008, do Conselho Nacional de Justiça, que instituiu o Cadastro Nacional de Adoção.

2. Definição e objetivo

Segundo consta do ECA, trata-se de um registro de brasileiros ou estrangeiros residentes no País interessados na adoção de crianças e adolescentes a ser mantido por cada Juízo da Infância e da Juventude do Estado de São Paulo.

Além deste cadastro de cada Juízo, existe o cadastro centralizado de pretendentes à adoção que funciona junto à Comissão Judiciária de Adoção Internacional (CEJAI) e que serve de apoio a todos os Juízes da Infância e da Juventude do Estado. Este cadastro é realizado junto ao Tribunal de Justiça do Estado de São Paulo.

Agora, pela Resolução n. 54, de 29 de abril de 2008, do Conselho Nacional de Justiça, foi instituído o Cadastro Nacional de Adoção vinculado ao citado Conselho e que abrangerá todas as comarcas das unidades da Federação. Também foi instituído o cadastro de crianças e adolescentes disponíveis para adoção.

Este cadastro nacional não substitui o cadastro estadual, que continua em vigor. Apenas unificou as informações da Federação de forma a ter um banco de dados a nível nacional. Assim, uma consulta a pretendentes a adoção deve se iniciar na comarca, passando para o Estado e somente se não resultar positiva é que se fará a consulta no cadastro nacional.

O objetivo de todo o cadastro é ordenar a colocação de crianças e adolescentes em família substituta, na modalidade de adoção, obedecendo a anterioridade dos interessados e as peculiaridades de cada caso quanto à pessoa a ser adotada.

Trata-se de um procedimento de natureza administrativa.

3. Quem pode se cadastrar

Qualquer pessoa que atenda aos requisitos legais previstos no Estatuto da Criança e do Adolescente e do Código Civil para os fins de adoção. Podem se cadastrar os maiores de 18 anos de idade, independente do estado civil.

O ECA estabelece que não será deferida a inscrição se o interessado não satisfazer os requisitos legais, ou verificada qualquer das hipóteses previstas no art. 29. Os requisitos legais referem-se àqueles verificados à adoção e os do art. 29, a questão da compatibilidade com a natureza da medida e ambiente familiar adequado.

4. Processamento

Competência: o interessado deve se cadastrar junto ao Juízo de seu domicílio.

Requerimento: formulário proposto pelo Tribunal de Justiça e fornecido pela Vara da Infância e da Juventude. Deve acompanhar os seguintes documentos:

a) cópia dos documentos pessoais do(s) requerente(s), como Identidade, CPF, certidão de casamento ou nascimento;

b) comprovante de residência;

c) comprovante de rendimentos ou declaração equivalente;

d) atestado ou declaração médica de sanidade física e mental.

Este requerimento é formulado pelo próprio interessado.

Registro: o procedimento de natureza administrativa inicia com o requerimento que deverá ser registrado e autuado pelo Cartório da Infância e da Juventude.

Certidões cível e criminal: uma vez registrado e autuado, deve o Juiz requisitar certidões cíveis e criminais do interessado. Caso o requerente resida na comarca há menos de 10 anos, deverá ser requisitada certidão junto ao distribuidor de seu domicílio anterior.

Estudo técnico: devidamente instruído, o procedimento é encaminhado ao setor técnico para entrevista com Assistente Social e Psicóloga. No prazo de 45 dias, deverá ser apresentado o parecer conclusivo do pedido. Caso seja necessário, poderá ser solicitada a dilação do prazo, mediante justificativa.

Ministério Público: com as certidões de antecedentes e parecer técnico o feito é encaminhado ao Promotor de Justiça para manifestação. Pode dar parecer conclusivo relativo ao deferimento ou não do pedido, requerer diligências complementares (ex., juntada de certidões processuais) ou até mesmo a suspensão do procedimento se se verificar a necessidade de uma diligência específica, como por exemplo, a necessidade dos interessados de se submeterem a tratamento psicológico, para posterior avaliação técnica judicial.

Juiz: após, o procedimento é encaminhado ao Juízo para sentenciá-lo no prazo de 10 dias. Se deferida a inscrição os requerentes são incluídos no cadastro da Vara. No caso de indeferimento, as partes deverão ser intimadas para a interposição de eventual recurso.

Recurso: da decisão do Juiz é possível interpor recurso de apelação, nos termos do art. 198 do ECA. Neste caso é necessária a intervenção de advogado para o seguimento do feito.

Atualização do cadastro: a cada dois anos a pessoa cadastrada deve atualizar o seu cadastro (art. 1º, § 11, do Provimento n. 05/2005). Esta atualização refere-se aos dados pessoais e da criança e a ser adotada.

Validade do cadastro: uma vez realizado o cadastro no domicílio do pretendente, o mesmo vale para todas as Varas da Infância e da Juventude do Estado.

5. Causas de indeferimento do cadastro/recurso

Psicológica e Social: a desaprovação do CPA tendo como causas psicológicas e sociais resulta de uma somatória de fatores negativos, sua intensidade e gravidade, os quais são analisados em relação aos prejuízos que podem acarretar à criança adotada. Podem ser anotadas as seguintes hipóteses:

a) crise conjugal;

b) motivação inadequada:

- não elaboração da perda de um filho;
- desejo não compartilhado pelo casal: um quer, outro não;
- adoção para salvar o casamento;
- adoção para solucionar problemas de solidão;
- aproximação da meia idade;
- vazio deixado por um filho ausente;
- "ajudar" uma criança abandonada, fazer caridade;
- decisão impulsiva e sem reflexões;
- adoção para tentar engravidar;

c) casal não amadurecido para exercer o papel parental;

d) não elaboração da infertilidade;

e) não revelação, somada a outros fatores.

Econômica: a questão econômica, por si só, não é motivo para justificar o indeferimento do cadastro. No entanto, a pobreza extrema somado a outros fatores, como prole numerosa, pode levar a não aceitação do cadastro.

Médicas: a saúde precária e doenças físicas e emocionais graves do interessado pode justificar o indeferimento do pedido.

Idade dos pretendentes: a idade dos pretendentes, por si só não se apresenta como impedimento para o cadastro. O certo é que interessados com idade mais avançada devem ser orientados a buscar a adoção de crianças com mais idade ou adolescentes. Como a adoção pretende a constituição de uma família, nos moldes de um modelo concebido socialmente, apresenta-se inviável que pretendentes idosos venham a adotar crianças recém-nascidas, que naturalmente não seriam concebidas desta relação. Na verdade, a diferença de idade por si só não autoriza o indeferimento do cadastro, mas somado a outros fatores negativos pode justificar tal decisão.

Homossexualidade: o cadastro de pessoas homossexuais é permitido, não encontrando nenhuma vedação. Deve-se verificar, entre outros requisitos de ordem social e psicológica, se o pretendente oferece ambiente familiar adequado ou se revela qualquer incompatibilidade com a medida (art. 29 do ECA).

5.1 Interpretação da jurisprudência quanto às causas de indeferimento do cadastro/recurso

*Adoção – Decisão que indeferiu o pedido de inscrição do casal no cadastro de pretendentes à adoção, com base em parecer psicológico que considerou a **idade avançada dos pretendentes** – Inadmissibilidade – Instituto que se sujeita à análise de condições genéricas, como as condições morais e materiais; não constituindo a idade empecilho à concessão de adoção – Deferida, assim, a mencionada inscrição. A aptidão à adoção sujeita-se apenas à análise das condições genéricas, tais como condições morais e materiais. O Estatuto da Criança e do Adolescente ao estabelecer os requisitos do adotante, o fez de um modo abrangente e amplo, a fim de facilitar a vinda ao aconchego de uma família, filhos privados de arrimo, de forma que a idade máxima ficou ao prudente critério do juiz, não constituindo esta empecilho objetivo à concessão de adoção. Provido o recurso para deferir a inscrição dos apelantes no cadastro de pretendentes à adoção* (apelação cível n. 27510-0/5, E. Especial, rel. Desembargador Yussef Cahali, j. 5.10.1995).

*Adoção – Inscrição em cadastro de adotantes – Indeferimento – Avaliação psicossocial superficial – Questões meramente **econômico-financeiras** que não podem, por si só, impedir eventual futura adoção – Registro que, isoladamente, não autoriza a adoção – Recurso provido para deferir a inscrição dos recorrentes no cadastro de adotantes da comarca* (apelação cível n. 79.258-0-Araraquara, Câmara Especial, v.u., rel. Fábio Quadros, 4.6.2001).

Cadastro de Adotantes – Indeferimento de pedido de inclusão – Parecer psicológico contrário – Recurso não provido (apelação cível n. 39.681-0-Ubatuba, Câmara Especial, v.u., rel. Cunha Bueno, 20.11.1997).

Apelação Cível – Preliminar – Inscrição no Cadastro de Adotantes – Indeferimento – O fato dos requerentes à inscrição terem como objetivo a adoção de determinada criança não é motivo suficiente a impedir que figurem no cadastro, notadamente, *quando a família apresenta estabilidade no relacionamento conjugal, tranqüilidade e solidariedade* – Recurso não provido – Preliminar prejudicada (apelação cível n. 67.201-0-São João da Boa Vista, Câmara Especial, v.u., rel. Jesus Lofrano, 2.3.2000).

6. Obediência da ordem dos cadastrados

Como regra geral, o cadastro dos pretendentes deve obedecer a ordem de inscrição.

Excepcionalmente, a ordem pode ser quebrada quando:

a) ocorrer motivo relevante que justifique a alteração da ordem, como, por exemplo, a existência de parentesco entre o pretendente a adoção e a criança ou uma relação forte de afetividade e afinidade, quando a criança já se encontra com o pretendente à adoção por muito tempo, isto por força do art. 28, § 2º, do ECA;

b) quando a criança desejada pelo interessado à adoção não corresponder à criança que se encontra disponível à adoção. Ex.: se cadastra pretendendo uma criança recém-nascida do sexo feminino e está disponível à adoção uma criança com 1 ano do sexo masculino.

Nestas hipóteses, é possível quebrar a ordem de preferência dos pretendentes à adoção, devidamente cadastrados.

6.1 Interpretação da jurisprudência quanto à obediência da ordem dos cadastros

Menor – Adoção e destituição do pátrio poder – Petição inicial indeferida por falta de interesse processual – Recurso do promotor de justiça que pede o reconhecimento de nulidade da sentença por falta de prévia manifestação do Ministério Público ou, no mérito, reforma da decisão por entender presente o interesse processual dos requerentes da adoção – Recurso dos autores que repete a argumentação do promotor de justiça – Ausência de irregularidade na apreciação formal da petição inicial pelo magistrado independente da manifestação do Promotor de Justiça, cuja indispensabilidade de atuação se resume ao mérito da demanda – *Falta de inscrição no cadastro de pretendentes a adoção da Comarca que, ainda que seja considerado indispensável, não constitui ausência de interesse processual* – Preliminar rejeitada – Recurso provido (apelação cível n. 35.679-0-Ourinhos, Câmara Especial, v.u., rel. Carlos Ortiz, 13.3.1997).

Menor – Adoção – Interposição contra decisão que indeferiu pedido de guarda provisória – Liminar concedida – Inadmissibilidade – Menor que se encontrava com outro casal, pretendentes à adoção – *Obediência a ordem cronológica do cadastro – Art. 50 do Estatuto da Criança e do Adolescente* – Recurso não provido (agravo de instrumento n. 41.078-0-Suzano, Câmara Especial, v.u., rel. Alves Braga, 26.3.1998)

7. Cadastro em várias cidades e Estados

Estabelece o Provimento do Tribunal de Justiça que uma vez realizado o cadastro no Estado de São Paulo, o mesmo terá validade para qualquer cidade (art. 3º, Provimento 05/2005), ou seja, uma vez realizado no Juízo do domicílio do interessado, tem validade para todos os demais Juízos do Estado. Caso o interessado venha a se mudar da cidade onde fez o cadastro, o mesmo deverá ser encaminhado ao Juízo onde reside atualmente.

No entanto, se ocorrer a mudança de cidade que implique em mudança de Estado, o interessado deve dar início a novo cadastro junto ao Juizado da Infância e da Juventude que reside.

7.1 Jurisprudência

Adoção – Inscrição no registro de pessoas interessadas na adoção (Estatuto da Criança e do Adolescente, art. 50) – Casal domiciliado em outra comarca – Deferimento – Apelação do Ministério Público – Medida preparatória da adoção – Competência regulada pelo art. 94, § 2º, do Código de Processo Civil – Competência territorial, relativa e prorrogável – Interesse da criança ou adolescente deve prevalecer – Cadastro centralizado que tem a finalidade de fornecer ao Juízo maiores e melhores elementos sobre os pretendentes, não de dificultar a colocação em lar substituto – Não é de reconhecer nulidade sem prejuízo – Laudos técnicos favoráveis – Ausência de prejuízo – Competência prorrogada – Recurso de apelação a que se nega provimento (apelação cível n. 75.583-0/3-Araraquara, Câmara Especial, v.u., rel. Álvaro Lazzarini, 12.7.2001).

8. Depois de adotar uma criança, precisa ser feito outro cadastro

Segundo estabelece o Provimento, uma vez consumada a adoção e se o pretendente quiser adotar outra criança, o pedido será apreciado no mesmo procedimento onde já foi realizado os estudos técnicos. Após manifestação dos técnicos e da Promotoria de Justiça, se deferida a pretensão, os interessados receberão um novo número de inscrição junto ao cadastro, ao final da relação.

9. Vantagens do cadastro

A vantagem de ter um cadastro único para os pretendentes à adoção é a democratização do acesso de qualquer pessoa à adoção.

A outra vantagem refere-se ao fato dos interessados já terem passado por avaliação e serem considerados aptos, não correndo o risco de ter a pretensão indeferida com base nos requisitos sociais e psicológicos.

Também se apresenta como vantajoso o registro, o fato de contar com o aval do Poder Judiciário e do Ministério Público na adoção da criança.

Jurisprudência sobre as vantagens do cadastro

"(...) Não se trata de negar a importância que o cadastro de pretendentes a adoção da Comarca possui no processo judicial de adoção, seja para adequado estudo daqueles pretendentes quanto à maturidade para o ato, seja para demonstrar a lisura e transparência do processo, evitando que as crianças possam acabar se tornando mercadorias comerciáveis por pais que já não as atendem em quaisquer dos campos material ou moral" (agravo de instrumento n. 54.298-0/9-00, da Comarca de Registro, Alvaro Lazzarini, Presidente e Relator).

10. Cadastro Nacional de Adoção

Este cadastro fica vinculado ao Conselho Nacional de Justiça e tem por objetivo consolidar os dados de todas as comarcas das unidades da Federação. O sistema consistirá num Banco de Dados nacional, que será alimentado pelas Corregedorias dos Tribunais de Justiça de cada Estado. As Corregedorias dos Tribunais dos Estados também funcionarão como administradoras do sistema, ficando responsáveis de liberar o acesso ao Juiz de cada comarca.

Este cadastro nacional não elimina os de natureza Estadual que poderão ser mantidos.

* * *